AF236716

Japan
lieben lernen

Der perfekte Reiseführer für einen unvergesslichen Aufenthalt in Japan inkl. Insider-Tipps, Tipps zum Geldsparen und Packliste

Linh Walter

✈ INHALT

Das erwartet Sie in diesem Buch

Was macht Japan, das Land der aufwenden Sonne, so attraktiv? Sind es die Menschen? Deren Mentalität? Oder ist es schlichtweg die einzigartige Landschaft und Kultur, welche vermischt mit der modernsten Technologie zum Staunen einlädt? Dieses Buch hat die Aufgabe, Ihnen einen großzügigen Einblick in die Hauptstadt Tokio, über dessen Umgebung und Japan selbst zu bringen. Welche klimatischen und jahreszeitlichen Bedingungen dort herrschen und vieles mehr. Japans Kultur ist nicht nur einzigartig, sondern hat auch eine faszinierende Geschichte. Als Hauptstadt des Shoguns ist sie noch immer Sitz des japanischen Kaisers Naruhito und seiner Gemahlin Masako, dem jüngst ernannten Kaiserpaar. Sie werden nicht nur über Tokios einzigartige Lage und Geschichte etwas erfahren, sondern erhalten auch spannende Fakten und Reisetipps. Insbesondere Tokios Nachtleben versprüht einen ausgeprägten Charme. Jede Präfektur hat dabei ihre eigenen Vorzüge. Und Tokio als Hauptmetropole im Fokus dieses Buches nimmt dabei die Hauptrolle ein.

Vermutlich kennen Sie Japan auch durch die kulinarische Ausprägung von Sushi und Reis. Sie werden überrascht sein, dass das wirkliche Japan anders ist als Sie es in kulinarischer Hinsicht kennen. Allein die japanische Mentalität und Kultur sorgt dafür, dass eine servicegerechte Anpassung an Touristen und anderweitigen Besuchern stattfindet. Gleichermaßen ist auch das Wohnen in Japan äußerst vielfältig. Von privaten Haushalten, die ein Zimmer an Touristen vermieten über sogenannte „Kapselhotels", bis hin zu den traditionellen Ryokans, die einen angenehmen Aufenthalt in den beliebten heißen

Quellen mit anbieten. Geschweige denn Sehenswürdigkeiten wie der Tokiotower, welcher bereits so bekannt ist, dass er als Tokios Wahrzeichen wahrgenommen wird. Es ist auch kein Geheimnis, dass Japan eines der teuersten Länder ist, z. B. ist der Erwerb von frischem Obst und Gemüse eine sehr teure Angelegenheit.

Mit Tipps für eine spannende aber auch preisgünstige Reise finden Sie Umrechnungen der vorhandenen Preisangaben in Euro und Yen, damit Sie ein Gefühl bekommen, wie viel Sie von Ihrem Reisegeld für einen unvergesslichen Aufenthalt im Land der aufgehenden Sonne aufbringen müssen.

Futuristisch und traditionell

Japan ist in einem Satz zusammengefasst das Land der modernsten Technologie und Tradition. Neben der Straße voll von blinkenden Neonlichtern, riesigen Wolkenkratzern und Menschenmassen ist Tokio längst ein Mekka für Feinkostliebhaber und modernster Popkultur. Tokio, die geschichtsträchtige Shogun-Hauptstadt überzeugt Sie durch vielseitige und ausgeprägte Metropolen. Sie können Museen, prächtige Tempel und Schreine, wunderschöne Gärten und moderne Architektur bewundern. Besonders empfehlenswert sind Onsen, heiße Quellen aus vulkanischen Aktivitäten geboren.

Diese sind meist in Ryokans, also in alten und traditionellen Herbergen zu finden. Eine Vielzahl an kulinarischen Überraschungen, Sehenswürdigkeiten und nächtlichen, festlichen Aktivitäten stehen Ihnen offen. Sushi in Ginza, ein Spaziergang des atmosphärischen Viertel Yanaka oder Kagurazaka oder einfach die neusten Trends in Harajuku. Das zum Großteil teure, aber wunderschöne Japan bietet zudem ein spektakuläres Nachtleben innerhalb der niemals schlafenden Stadt.

Besonders für Kinder ist Japan ein Land der Entdeckungen. Speziell das Tokio Disney Resort lockt neben den Bezirken der japanischen Hauptstadt. Wenn Sie mit Kindern Japan erkunden wollen, brauchen Sie sich keinerlei Gedanken darüber machen, dass sich irgendjemand gestört fühlen wird. Im Gegenteil, bis auf wenige individuelle Ausnahmen, liebt Japans Bevölkerung Kinder ganz besonders. Machen Sie keine großartige zusätzliche Reiseplanung, denn die brauchen Sie nicht. Auch für den kleinen Geldbeutel gibt es genug Möglichkeiten, Japan zu erleben. Die Tatsache, dass Japan eine Art eigener Kontinent ist, erlaubte dem Land früh eine Abschottung von der Außenwelt. Was die Möglichkeit schaffte, die eigene Kultur vor der Außenwelt zu verteidigen und bis heute zu erhalten, als die Veränderungen der Geschichte versuchten Einzug zu halten.

Auf Ihrer Japantour erstrecken sich vor Ihnen Augen unglaubliche Landschaften. Im Tokioter Umland steht z. B. das größte kulturelle Erbe Japans, der Mount Fuji, von den Einheimischen liebevoll Fujisan genannt. Schneebedeckte Berge, wunderschöne Strände, Tempelanlagen, die jedes Jahr für bunte Feste sorgen und vieles mehr sind über dem Inselstaat verteilt. Selbst die Technologie unterscheidet sich von den westlichen Ländern. Darunter fallen vor allem das Mobilfunknetz und die Transportmittel. Während Deutschlands Bahnverkehr eher dürftig ausgebaut ist, ist Japans Bahnverbindung erstklassig. Und ein ganz besonderes Highlight ist die Mentalität der Bevölkerung.

Tokios stolze Geschichte

TOKIOS GEOGRAPHIE

Als weltweit viertgrößter Inselstaat, mit einer Fläche von ca. 380.000 km² befindet sich Japan in Ostasien, zusammengesetzt aus insgesamt 6852 Inseln. Im direkten Anschluss an Russland, Nord,- und Südkorea sowie China und Taiwan angrenzend, ist Japans geographische Lage im Pazifik, direkt neben dem Teufelsdreieck. Ca. 128 Millionen Einwohner in gesamt Japan macht praktisch eine Bevölkerungsdichte von 337 Einwohner je Quadratkilometer aus. Dabei gehören die nördliche Inseln Hokkaido, die südlichen Inseln Shikoku und Kyushu und die größte Insel Honshu dazu. Die Bergkette, die fast über das komplette Archipel besteht, wird vom Fuji-san, auf Honshu mit seinen 3.776 Metern, dem geographischen Herzstück Japans, übertrumpft. Auslöser für viele Naturkatastrophen wie Erdbeben, Tsunamis und Vulkanismus sind die Bruchzonen der tektonischen Platten. Insbesondere zwischen den Bruchzonen der nordamerikanischen, eurasischen, philippinischen und pazifischen Platten. Tokio, die Shogunhauptstadt, hat ihren Sitz auf der Hauptinsel Honshu und ist gleichsam das für das Wirtschaftszentrum Japans schlagende Herz des Landes. Erreicht werden kann Japan über verschiedene Flughäfen in Tokio, Hokkaidō, Nagasaki etc. Ab dem Frankfurter Flughafen beträgt die Reisedauer etwa von 11 Flugstunden.

TOKIOS GESCHICHTE

Ein kleines Fischerdorf war der Anfang der heute gewaltigen Metropole. Das Wort „Flusstor", welches wörtlich übersetzt „Edo" bedeutet, entstammt der Existenz eines Fischerdorfes an der Mündung des Sumida-gawa. Ōta Dōkan gab dem idyllischen Fischerdorf den Samen des kulturellen Wachstums, indem er, ein Krieger und Dichter, eine prächtige Burg im 15. Jahrhundert erbauen ließ.

Die vorhandene Burg machte Tokugawa Ieyasu die Entscheidung leicht, 1603 genau diese zu seinem Shogunat zu machen. Als geschichtsträchtiges Glied sorgte dieser Regierungssitz dafür, dass die japanische Bevölkerung rasant anwuchs und Tokio somit zu der bevölkerungsreichsten Metropole der Welt gedeihen ließ. Die Macht des Kaisers wurde im Anschluss 1886 nach dem Bürgerkrieg wiederhergestellt. Ein Akt, der auch unter dem Namen Meiji-Restauration bekannt ist. Kyoto, die damalige Hauptstadt, wurde durch Edo offiziell abgelöst und in die heutige Bezeichnung Tokio umbenannt.

Seit dem gilt Tokio als die westliche Hauptstadt Japans. 250 Jahre später nach der selbstgewählten Isolation endete dann die Meiji-Restauration. Die Folge war, dass ganz Japan, einschließlich der Shogunhauptstadt Tokio, nun allen ausländischen Einflüssen offen gegenüberstand. Kaum war dies geschehen, hielten die westlichen Ideen und Mode Einzug in das traditionell geprägte Land. Allerdings folgten danach eine Reihe weiterer Zerstörungen, u. a. das Kantō-Erdbeben 1923 und diverse Brände als

Folge dieser Katastrophe in weiten Teilen Tokios. Die Bombardements der US-Amerikaner im zweiten Weltkrieg folgten der Zerstörungsabfolge, indem sie innerhalb der letzten zwei Kriegsjahre ähnliche Verwüstungen anrichteten. Später in den 1950ern sowie den 1960ern erhob sich Tokio wieder aus den Trümmern in das moderne Zeitalter.

Danach brachten die 1980er Jahre den Höhepunkt der Bubble Economy, auf Deutsch Blasenwirtschaft, die für ein rasantes Wirtschaftswachstum Japans sorgte. Jedoch platzte die Wirtschaftsblase in den 1990er Jahren auf so dramatische Art und Weise, dass sich die Folgen bis ins heutige Japan erstrecken. Doch trotz der noch immer anhaltenden Rezession bleibt Tokio das pulsierende Herz der Nation. Eine Inselnation, die sich selbst immer wieder neu erfindet und dadurch einen globalen Einfluss auf Technologie, Popkultur und Design ausübt.

Noch immer steht der Kaiserpalast als geschichtsträchtiges Bauwerk, das gleichsam die Geschichte und die Moderne miteinander verbindet.

Die beste Reisezeit

Der Inselstaat Japan erlebt die Jahreszeiten teilweise intensiver als Deutschland. Das bedeutet, dass der Sommer zum Beispiel sehr heiß ist. Im August können dabei sogar Höchsttemperaturen von 25 bis 35 Grad Celsius auftreten. Klimatisch ist Japan sehr unterschiedlich. Durch die Nord-Süd-Ausdehnung reicht die Klimaveränderung sogar von kühl-gemäßigt bis zu subtropischen Zonen im Süden. Besonders das japanische Festland ist von starken Winden betroffen. Mit besonderer Härte wehen aus Sibirien kalte Luftmassen über den Inselstaat, während im Sommer aus dem Pazifischen

Ozean durch die besondere Geographie des Meeres Monsunwinde aufs Festland kommen.

Dabei fällt sehr viel Niederschlag und auch Taifune sind keine Seltenheit. Viele Teile von Japan sind oft von ganzjährigen Niederschlägen betroffen, wobei die Sommermonate eher sehr warme Temperaturen zwischen 25 bis 35 Grad Celsius oder auch höher bringen. Es sind sogar schon Temperaturen von 40 Grad Celsius vorgekommen. Nördlich ist Japan eher trocken, geprägt von kurzen, aber warmen Sommern und langen, kalten Wintern. Dabei kann es zu Schneefällen in den westlichen Regionen kommen, ebenso sind die sommerlichen Temperaturen auch im Sommer deutlich kühler als auf der Pazifikseite. Zentraljapan erlebt zudem starke Temperaturunterschiede zwischen Tag und Nacht, vor allem aber zwischen Sommer und Winter mit wenigen Niederschlägen. Die Pazifikküste weist einen heißen, feuchten Sommer, aber auch kühle Winter mit nur wenig Schneefall vor. Der Süden Japans allerdings wird vom subtropischen Klima bestimmt.

Dabei treten milde Winter und heiße Sommer auf. Von Juni bis Juli ist dort Regenzeit und es kommt jedes Jahr zu starken Niederschlägen. Die

Temperatur liegt in Japan im November, Dezember und im Januar tagsüber zwischen -1 und 17 Grad Celsius. Der kühlste Ort zu dieser Jahreszeit ist Sapporo im Januar, während im November Fukuoka die wärmsten Temperaturen zu dieser Zeit aufweist. In Tokio liegen die Temperaturen zwischen 10 und 17 Grad Celsius, während Fukuoka sich zwischen 9 und 17 Grad Celsius bewegt und Sapporo zwischen -1 und 8 Grad Celsius.

Wenn Sie einen Badeurlaub machen wollen, lohnt es sich für Sie zu wissen, dass die Wassertemperaturen sich in den Wintermonaten November, Dezember und Januar zwischen 6 und 19 Grad Celsius befinden. Etwa 3 bis 6 Stunden pro Tag scheint die Sonne zwischen November und Januar durchschnittlich, wobei das sonnigste Wetter in Tokio im Januar ist. Reisen Sie hingegen im Dezember, müssen Sie mit weniger Sonne in Fukuoka zurechtkommen.

Nun stellen Sie sich sicherlich die Frage, welche Monate welche Vorzüge bereithalten. Am besten sind die südlichen und zentralen Gebiete Japans in den Frühlingsmonaten April und Mai zu bereisen. Aber auch in den Herbst,- Wintermonaten

September bis November. Hier erleben Sie angenehme Temperaturen zwischen 23 und 32 Grad Celsius und nur geringe Niederschläge. Wollen Sie die berühmte Kirschblüte miterleben, reisen Sie am besten im Frühlingsmonat Mai. Innerhalb von 14 Tage können Sie das in Kirschblüten gehüllte Japan bewundern. Sollten Sie sich für den Norden Japans entscheiden, wählen Sie am besten die Sommer,- und Frühherbstzeit, die sich zwischen Mai und September ausbreitet. Im Winter ist der nördliche Teil des Landes eher kalt und zu dieser Zeit kein empfehlenswertes Reiseziel. Mögen Sie jedoch den Wintersport, ist die nördliche Region von Dezember bis März auf den japanischen Alpin-Pisten genau das Richtige.

Januar und Februar

Japan im Winter zu entdecken lohnt sich nicht zu jeder Jahreszeit. Jedoch ist der Besuch Japans zu dieser Jahreszeit besonders für Wintersportler und Aktivitäten im Süden interessant.

März

Im März beginnt eine gute Reisezeit. Es ist das Ende der Skisaison und der Beginn des Frühlings.

April und Mai
Diese zwei Frühjahrsmonate sind die beiden besten, um nach Japan zu reisen. Speziell Tokio erblüht im April mit der Kirschblüte.

Juni
Dieser Sommermonat eignet sich besonders für Nordjapan.

Juli und August
Die Sommermonate Juli und August sind nicht nur für Nordjapan und einem Badebesuch in Okinawa geeignet, sondern ganz besonders für einen Besuch der Hauptstadt Tokio.

September
Der September selbst ist ebenfalls eine gute Reisezeit, allerdings sollten Sie sich in einigen Gebieten vor Taifunen hüten.

Oktober
Auch im Oktober ist das Taifun-Risiko hoch, allerdings lohnt es sich zu dieser Zeit ganz besonders, Zentraljapan zu dieser Jahreszeit zu besuchen.

November

Der vorletzte Monat, der bereits in die Wintermonate geht, eignet sich ebenso gut dazu, das Zentrum Japans kennenzulernen. Allerdings benötigen Sie auf jeden Fall Regenbekleidung, da dieser Monat besonders feucht ist.

Dezember

Der Dezember ist wie der Januar und Februar ein Wintermonat, der sich besonders für Wintersportler lohnt. Wünschen Sie sich auch im Dezember warmes Wetter, können Sie eine der südlichen Regionen Japans besuchen.

Klimatisch bedingt ist es am besten, Tokio in den Monaten April, Mai, Juli, August und Oktober zu besuchen. Speziell der Mai ist als der sonnigste Monat mit einem Durchschnitt von 5,9 Sonnenstunden pro Tag zu empfehlen.

Japans Transportwesen

REISE MIT DEM ZUG

D ie beste Option ist es, mit dem Zug durch Japan zu reisen. Allein das ausgeprägte Bahnnetz macht andere Verkehrsmittel wie das Auto überflüssig. Betrachtet man den engen Wohnraum, ist der Besitz eines Autos für viele Japaner wegen dem Parkplatzmangel ein Problem. Die meisten Japaner nutzen deswegen die öffentlichen Verkehrsmittel. Mit dem Japan-Rail-Pass können Sie fast das gesamte Bahnnetz nutzen, den Shinkansen, ein Hochgeschwindigkeitszug, mit eingeschlossen. Der Japan-Rail-Pass wurde speziell für den Tourismus eingerichtet. Um den Japan-Rail-Pass zu bekommen, müssen Sie einen nicht-japanischen Reisepass haben, als Tourist unterwegs sein und ein Visum als „temporärer Besucher" haben. Als „temporärer Besucher" können Sie eine Aufenthaltsgenehmigung von bis zu 90 Tagen haben.

Den Japan-Rail-Pass können sie nicht bekommen, wenn Sie eine japanische Staatsbürgerschaft haben und/oder keine touristische Zwecke verfolgen. Dazu zählen Working Holiday, Militär, Geschäfte, Diplomatie, Studium, Kultur, Forschung und vieles mehr.

Sie erhalten einen Gutschein, der dann in den Japan Rail Pass eingetauscht wird. Dazu müssen die Umstände beachtet werden, dass der Gutschein nur mit einem gültigen Reisepass verwendet werden kann. Dazu wird bei der Aktivierung des Passes das Datum angegeben, ab dem Sie fahren wollen, welches danach nicht mehr geändert werden kann. Gültig ist der Pass dann auf allen Japan-Railway-Strecken im Land mit Ausnahme des Shinkansen Nozomi und Mizuho. Auch einige Strecken der Aomori Railways und die ganze Tokio Monorail, aber auch für die lokalen Japan-Railway-Busse. Auch die Japan-Railway Miyajima Fähre können Sie damit befahren. Allerdings gilt der Japan-Rail-Pass nicht für private

Linien. Diese sind z. B. Hakone-Tozan, Nankai Koya, Fujikyu, Kitakinki-Tango. Ebenso fahren auf privaten Streckennetzen auch Japan-Railway Züge für die Sie jedoch einen Zuschlag zahlen, was Sie entweder im Zug selbst oder am Bahnhof machen können. Auch ist die Gültigkeit des Japan-Railway-Passes nicht für Straßenbahnen, Metros und Busse des öffentlichen Nahverkehrs, z. B. in Tokio möglich. Er gilt auch nicht im Anschluss an eine Bahnfahrt. Eine Ausnahme bilden die lokalen Japan-Railway-Buslinien.

Vor allem zu Stoßzeiten wie Urlaub, Arbeitsschluss oder Arbeitsbeginn ist es ratsam, Sitzplätze kostenfrei zu reservieren. Für eine Reservierung müssen Sie sich an einen Mitarbeiter an einem Schalter wenden und den Pass oder das Ticket den Bahnmitarbeitern an den Türen zu den Bahnsteigen vorzeigen. Der Pass wird Ihnen auf Ihrem Namen ausgestellt. Sie benötigen Ihren Reisepass, um das Ticket nutzen zu können. Das Personal im Zug und am Bahnhof kann dies überprüfen.

Wenn Sie den Gutschein für den Japan-Rail-Pass nicht mehr benötigen, haben Sie auch die Möglichkeit diesen innerhalb eines Jahres zurückzugeben.

Sie erhalten Ihr Geld zurück, sollten Sie den Pass noch nicht an den Schaltern verwendet haben, dabei müssen Sie aber eine Stornierungsgebühr in Höhe von 15 % des Preises vom Pass entbehren. Falls Sie den Gutschein jedoch in den Japan Rail Pass umgetauscht haben, gibt es keine Möglichkeit eines Umtausches oder einer Erstattung, auch nicht, wenn der Gutschein verloren geht.

Neben dem Japan-Rail-Pass können Sie auch den Green Pass erwerben. Er bringt Ihnen den Vorteil in den sog. „Green Cars", den „grünen Waggons", entsprechend der 1. Klasse zu reisen. Mit dem „Green Pass" können sie die Reise durch Japan mit bestimmten Expresszügen und allen Shinkansen reisen, mit der Ausnahme von Nozomi und Mizuho. Hierbei handelt es sich um Regionen, die auch nicht mit dem Japan-Rail-Pass befahren werden können. Zwar wird der „Green Pass" eher selten von ausländischen Besuchern verwendet, jedoch ist der Japan Rail Pass Green noch immer ein kleiner Geheimtipp für günstiges und komfortables Reisen, vor allem an Feier- und Ferientagen im April, August und im November.

Weitere Zugtypen sind langsamere Züge wie der futsū/kaku-eki-teisha, die an jedem Bahnhof halten. Der reguläre Express kyūkō fährt allerdings nur eine begrenzte Anzahl an Bahnhöfen an. Anders als dieser ist der Schnellzug, der kaisoku, welcher normalerweise auf den Gleisen der JR-Routen fährt.

Bei der Reise mit Zug, Bus und Bahn müssen Sie allerdings einige Verhaltensregeln beachten. Es gibt zu bestimmten Zeiten sogar Abteile, in denen nur Frauen einsteigen dürfen. Auch ist es auf Japans Bahnhöfen verboten zu rennen, was die fein getakteten Zugabfahrtszeiten ohnehin überflüssig machen. Rauchen Sie bitte auch nur in den gekennzeichneten Bereichen, im Shinkansen werden Sie, wie in vielen anderen Zügen. ein Abteil vorfinden in dem Sie rauchen dürfen.

Achten Sie auch darauf, ruhig zu sein. Für Japaner ist es selbstverständlich, die Sitznachbarn nicht mit lauten Gesprächen, Essen etc. zu belästigen. Machen Sie unbedingt Platz für Menschen mit Einschränkungen, wie z. B. Kranke, Schwangere, Alte und Mütter mit Kindern. Auch wenn zu Stoßzeiten selbst die Japaner oftmals diese Regel brechen, da die Züge zu diesen Zeiten so voll sind, dass Sie sich vorkommen, als würden Sie in einer Sardinenbüchse sitzen. Meiden Sie für Ihr eigenes Wohl die öffentlichen Verkehrsmittel und Straßen zu Stoßzeiten, es könnte sehr unangenehm werden. Wenn Sie sich entscheiden, zu einer Stoßzeit zu fahren, rechnen Sie aber auch damit, dass jemand seinen Kopf zum Schlafen auf Ihre Schulter ablegt. Dies ist keine Seltenheit in Japan, trotz der strengen körperlichen Distanz.

Tipps für Sparfüchse

Den Japan-Rail-Pass können Sie z. B. auf _www.der-japan-rail-pass.de_-Japan Experience vorbestellen. Sie können zwischen **7 Tagen – ca. 245 Euro/29.507 Yen**, **14 Tagen – 390 Euro/46.970 Yen** und **21 Tagen – 498 Euro/59.977 Yen** wählen. Es lohnt sich, den Pass für die gesamte Reise im Voraus zu kaufen. Zwar ist es möglich an jeder Ecke des Bahnhofes ein Ticket für die Strecke zu kaufen. Sie haben aber einen großen Vorteil, wenn Sie das vorher tun, um unnötigen Reisestress zu vermeiden. Zudem lohnt es sich für Sie abzuwägen, ob Sie mit dem Lösen des Tickets vor Ort günstiger wegkommen als mit dem kompletten Pass. Die Möglichkeit vor Ort zwar kürzere Strecken zu lösen, würde unter Umständen Ihnen mehr Zeit und Geld kosten. Außerdem haben Sie den Vorteil, dass Sie sich nicht am Ticketautomaten anstellen müssen und sich nicht darum sorgen müssen, ein gültiges Ticket zu haben.

Beim Fahren mit dem Bus können Sie auch ohne Japan-Rail-Pass günstig reisen. Fahren Sie einfach mit dem Nachtbus. Diese starten gegen 22.00 und 23.00 Uhr und kommen meist zwischen 6.00 und 7.00 Uhr morgens an.

TAXEN

Haben Sie kein Auto und möchten oder können auch nicht mit dem Zug oder dem Bus fahren können Sie sich auch ein Taxi nehmen. Der Grundtarif einer Fahrt kostet für die ersten zwei Kilometer **ca. 5-6 Euro/600-710 Yen**. Je 350 Meter werden dann allerdings **0,83 Euro/100** Yen fällig.

Schreiben Sie Ihr Fahrtziel auf Japanisch auf. Der Taxifahrer wird Sie dann dorthin fahren, auch wenn Sie kein Japanisch sprechen können. Sie erkennen ein freies Taxi an dem roten Licht an der unteren rechten Ecke der Windschutzscheibe. Der Fahrer wird Ihnen die Tür öffnen und Ihr Gepäck in den Kofferraum räumen. Trinkgeld brauchen Sie nicht geben. Rufen Sie ein Taxi nach 23.00 Uhr per Funk oder Telefon, müssen Sie 20 % mehr bezahlen.

SCHIFF/FÄHRE

Die Erkundung der zahlreichen Inseln Japans ist nur mit der Fähre oder dem Schiff möglich. Dafür stehen Fahrpläne und Preise im JR Jikokuhyō sowie in den Broschüren der Japanischen Fremdenverkehrszentrale unter www.jnto.go.jp zur Verfügung.

TRAMPEN

Versuchen Sie, das Trampen zu vermeiden. Zwar ist Japan eines der sichersten Länder der Welt, jedoch werden noch immer Frauen beim Trampen abgefangen und missbraucht. Möchten Sie dennoch trampen, ziehen Sie sich etwas Sauberes an und gehen Sie zu Autobahnauffahrten und Raststätten. An Raststätten erhalten Sie gratis Karten der Service Area Parking Area (SAPA). Diese können Sie sogar ohne Kenntnisse der japanischen Sprache erkennen.

REISE MIT DEM AUTO

Um Japans Nebenstraßen, Highways und ländliche Gegenden zu sehen, müssen Sie ihre Reise mit dem Auto weiterführen. Vor allem in den ländlichen Regionen ist es ratsam, auf einen Mietwagen zurückgreifen zu können. Öffentliche Verkehrsmittel sind entweder Mangelware oder schlichtweg unpraktisch, weil sie zwar vorhanden, aber nur schwach ausgebaut sind.

Die Reise mit dem Auto erspart Ihnen lästiges Gepäckschleppen und ist eine kostengünstige Alternative, sollten Sie in der Gruppe reisen. Bewegen Sie sich hauptsächlich auf gut ausgebauten Strecken des öffentlichen Nah- und Fernverkehrs, ist das Anmieten eines Autos eher überflüssig.

In der Großstadt ist vor allem das öffentliche Verkehrsnetz so gut ausgebaut und bevorteilt, dass Autofahrer gelegentlich im Nachteil sein können. Zudem ist das Parken in der engen Metropole meist ein Glücksspiel. Außerdem ist es sehr teuer. Allein die Suche nach einem geeigneten Parkplatz wird Ihnen evtl. den letzten Nerv rauben, wenn Sie denn überhaupt einen finden. Ein Grund, weshalb Japaner mit der Anmiete oder dem Kauf einer Wohnung oder eines Hauses besonders darauf achten müssen, dass sie einen Parkplatz zur Verfügung haben.

Ist dies nicht der Fall, sind Strafzettel und mühselige Parkplatzsuche im Alltag noch schwerer zu handhaben. Zu den öffentlichen Verkehrsmitteln gehören nicht nur Züge, U-Bahnen und Busse sondern auch Taxen. Neben Tokio gelten auch Osaka und Nagoya als Großstädte, die mit einem hocheffizienten, öffentlichem Verkehrsnetz ausgestattet sind. Für viele Japaner gibt es keinen Grund mehr, ein Auto zu besitzen. Viele haben nicht einmal einen Führerschein. Im Gegensatz zu den eher engen und geballten Bereichen Japans verlassen sich die Menschen weiter außerhalb eher auf das eigene Auto, welches oftmals die einzige Möglichkeit ist, aus dem Dorf überhaupt rauszukommen.

Fahren Sie mit dem Auto durch Japan, müssen Sie auf der linken Straßenseite fahren. Japanische Fahrzeuge sind bereits so gebaut, dass diese auf der rechten Seite des Fahrzeuges den Fahrersitz und das Lenkrad zu haben. Westliche Wagen sind zwar auch unterwegs, aber schwieriger einzuschätzen, da der Fahrersitz auf der linken Seite ist. Um in Japan legitim Autofahren zu dürfen, müssen Sie auch dort das 18. Lebensjahr abgeschlossen haben. Ebenso ist wie in Deutschland das Trinken am Steuer ohne Ausnahme verboten. Brechen Sie eine der vielen Regeln, wird es sehr teuer für Sie.

Bei den Verkehrszeichen werden Sie auf eine Mischung an japanischen und englischen Verkehrsschildern treffen, allerdings werden Sie mehr japanische Schilder vorfinden. Wollen Sie Gleise überqueren, sind Sie gezwungen, vor dem Überqueren der Gleise zum Stillstand zu kommen. Gegensätzlich zu Deutschland sind auch die Geschwindigkeitsbegrenzungen deutlich strenger. Typische Begrenzungen auf der Schnellstraße liegen bei 80 bis 100 km/h. Städtische Gebiete werden mit 40 km/h beschildert, Nebenstraßen mit 30 km/h, andere Orte außerhalb der Großstadt bewegen sich zwischen 50 bis 60 km/h. Rechnen Sie trotzdem damit, dass sich die Einheimischen manchmal nicht an die Begrenzungen halten und so meist schneller unterwegs sind.

Japans Straßen sind bis auf wenige Ausnahmen wie Schnellstraßen, einer kleinen Menge an mautpflichtigen Tunneln sowie landschaftlich reizvollen Fahrstrecken mautfrei. Eine qualitative Infrastruktur hat einen hohen Stellenwert. Sie werden nie Straßen in ganz Japan finden, die schlecht sind, auch wenn Sie mit engen Nebenstraßen rechnen müssen, die größeren Fahrzeugen Probleme bereiten.

Oft können größere Fahrzeuge manche Nebenstraßen nicht befahren. Wie jede Großstadt haben auch Tokio und andere Ballungszentren Japans häufig Probleme mit Verkehrsstaus. Anders als in den westlichen Ländern werden Sie hauptsächlich gutmütige und rücksichtsvolle Autofahrer erleben. Denn ein Grund für viele Gefahren auf Japans Straßen ist, dass viele japanische Autofahrer über eine Kreuzung fahren, selbst wenn diese eine rote Ampel hat. Haben Sie dies getan, parken sie am Straßenrand. Sorglose Radfahrer, welche meist auf der falschen Straßenseite fahren und der Verkehr selbst werden dann unnötig blockiert.

FÜHRERSCHEIN

Warum müssen Sie Ihren Führerschein umschreiben lassen um in Japan eine offizielle Fahrerlaubnis zu haben? 1968 entschied sich im Genfer Abkommen, dass Deutsche und Schweizer ausschließlich mit einer offiziellen Übersetzung in Japan Auto fahren dürfen. Anders als mit dem internationalen Führerschein, den Sie in anderen Ländern verwenden dürfen, gilt dieser in Japan nicht.

Um den Führerschein zu beantragen, müssen Sie nach Japan reisen und sich keiner komplizierten Bürokratie stellen. Im **japanischen Automobilclub JAF** ist man für Führerscheine zuständig. Wollen Sie eine Übersetzung und Beglaubigung eines japanischen Führerscheines, müssen Sie diesen nicht nur persönlich abholen, sondern den Antrag auf dessen Übersetzung innerhalb Japans stellen. Um eine Übersetzung zu bekommen, wird eine

Bearbeitungsgebühr in Höhe von **24,90 Euro/3.000 Yen** berechnet. Sie müssen den Originalführerschein und einen ausgefüllten Antrag auf Führerschein-übersetzung mitbringen. Den Antrag finden Sie unter der folgenden Internetadresse: https://jaf.or.jp/common/visitor-proce-dures/switch-to-japanese-license

Eine eher **unpassende Alternative** ist die Zusendung des Originals an die zuständige Stelle, dazu müssen Sie allerdings einen Rückumschlag mit reinstecken und noch einmal zusätzlich **4,15 Euro/500 Yen** mit einberechnen. Wovon allerdings abzuraten ist, denn ein Originaldokument, welches Sie jeden Tag brauchen, sollten Sie nicht so leichtfertig verschicken. Bis 2017 gab es die Möglichkeit der Übersetzung des Führerscheins durch die **Deutsche Botschaft.** Das wird jedoch seit 2017 nicht mehr angeboten.

Ein weiterer, noch immer vorhandener Service ist es aber, in **Reisebüros** wie Japan Experience, gemeinsam mit der passenden Autovermietung diesen Dienst zu erledigen. Das kostet Sie **65 Euro/7828 Yen** kostet. Dazu müssen Sie Adresse, Telefonnummer, Adresse der ersten Unterkunft in Japan eingeben und die eingescannte Vorder- und Rückseite des Führerscheins in Farbe zuschicken. Diesen Dienst finden Sie unter der folgenden Internetadresse: https://www.japan-experience.de/mieten-sie-ein-auto/ubersetzung-ihres-fuhrerscheins

AUTOBAHNEN UND NATIONALSTRAßEN

Autobahnen, auch „Kōzokudōro - 高速道路" und Nationalstraßen „Jidōshadō - 自動車道" tragen eine graue Auszeichnung und sind gebührenpflichtig. Anders als die Nationalstraße „Kokudō - 国道". Sie erkennen sie als blaues Schild mit einer zwei,- oder dreistelligen Zahl. Für die Benutzung dieser Straßen müssen Sie jedoch nichts bezahlen. In eine andere Kategorie fällt z. B. eine Art Nationalstraße. Mit der Bezeichnung „Motorisierten Fahrzeugen vorbehaltende Nationalstraßen" plus einem blau umrandeten Verkehrsschild, auf dessen Mitte ein Auto gedruckt ist, daran erkennen Sie diese. Auch als „Highway", „Skyline" oder „Drive Way" benannt, verbinden Sie Ortschaften und größere Städte und sind je nach Ausschilderung entweder gebühren-pflichtig oder nicht. Äußerst oft gibt es Straßen mit Mautgebühren. Grund hierfür kann die direkte Fahrt auf einer Umgehungsstraße oder durch Tunnel sein, welche sehr gerne als bestimmte Touristen,- und Na-turstätten behandelt werden. Eigene Stadtautobah-nen „Toshi kōzokudōro - 都市高速道路" sind vor al-lem in Tokio, Nagoya und Osaka vorhanden. Ihre Funktion ist es, dem Platzmangel der Großstädte zu bekämpfen und diese sind einem festen Tarifsystem unterworfen. Was so viel bedeutet, dass der Preis, unabhängig von der gefahrenen Strecke, gleich bleibt. Zukünftig sollen genau diese Autobahnnetze Osaka und Tokio den Wechsel zu einem kilometer-bezogenen Tarif schaffen.

Shutoko, 246 und die Nationalstraße Nr. 11, auch als Daiba Route bekannt, sind in Japan be-rühmte Straßen. Shutoko, ein gewaltiges Straßen-netz, 1962 gebaut, darf nur mit 60 km/h befahren werden, weitet sich aber aktuell auf die beeindru-ckende von 280 km aus. Als Nationalstraße Nr. 11 o-der Daiba Route ist das in Tokio eigene Stadtauto-bahnnetz Shutoko zusammen mit der

Nationalstraße Nr. 11 praktisch eine Einheit, auch wenn es sich um zwei verschiedene Straßen handelt. Der Start ist in Shibaura und das Ende in Ariake. Das besondere Highlight ist die Tatsache, dass genau diese Straße über die berühmte Rainbow-Bridge verläuft.

246, auch „Ni-Yon-Roku" oder „Nationalstraße 246" ist in Tokio extrem bekannt. Ihre Runde fängt in Nagatacho an und bringt Sie durch Shiuya und Setagaya, während sie im Nachgang der Tomei-Autobahn parallel entlangläuft. Durch die Präfekturen Shizuoka, Kanagawa über Hakone sowie Gotemba, ein Ort direkt in der Nähe des „Fuji-san".

In Tokio tragen meist kleine Straßen keinen Namen. Die Adressen in diesen Gegenden bestehen lediglich aus den Nummern der Häuserblöcke, je nach Baujahr. Eigene Straßennamen sind jedoch bei großen Durchfahrtstraßen vergeben. Tokios Straßen sind als mehrere breite Ringstraßen angeordnet, die mit ihrer unterschiedlichen Größe über ganz Tokio verlaufen und in dessen Ringstraßenzentrum sich das geographische Zentrum des Kaiserpalastes befindet. Dabei tragen die Ringstraßen eine Nummerierung, welche vom Zentrum ausgeht und mit 1 beginnt. Je weiter die Nummerierung nach außen geht, desto höher die Nummer. Es ist leicht zu erkennen, dass der Grund für diese Verteilung darin liegt, dass die Meiji Avenue/Yamate Avenue verschiedenen Bezirken von Tokio zugeteilt sind, da sie durch die ganze Stadt führen.

PARKEN

Zum Parken ist es dringend zu empfehlen, einen kostenpflichtigen Parkplatz zu nehmen, da das Vergeben von Strafzetteln für Falschparker in Japan extrem schnell geht. Verwenden Sie in einigen Stadtvierteln die Parkuhren, wenn Sie die Absicht haben, kurz an einer Straße zu parken. Eine Überschreitung der Parkzeit kostet Sie eine Gebühr, da Sie dadurch eine Ordnungswidrigkeit auslösen. Es gibt auch Parkplätze, an denen Sie lediglich eine Stunde stehen dürfen. Möchten Sie die Zeit verlängern, sind Sie gezwungen, das Auto umzustellen, um so Ärger zu vermeiden. Zwar toleriert die Polizei abends kostenloses Parken, wobei die Parkuhren nachts auch nicht mehr funktionstauglich sind, allerdings werden Sie in diesem Fall das Problem haben, dass ausnahmslos alle Fahrzeuge auf Parkplätzen mit Parkuhren ab 3 Uhr morgens abgeschleppt werden.

Verschiedene Parkmöglichkeiten

Für dieses Problem gibt es aber auch in Japan mehrere Lösungen. Eine breite Bandbreite an Parkmöglichkeiten finden Sie auf speziellen, teils außergewöhnlichen Parkplätzen:

Parkplätze mit Self-Service-Münzen:

Fast überall in der Stadt sind diese Plätze zu finden. Solche Parkplätze heben das Auto mit einer Bodenerhöhung an und verhindern damit das Wegfahren. Auslösen müssen Sie das Fahrzeug dann, indem Sie die Parkgebühr zahlen.

Unterirdische Parkplätze oder Parkplätze zu Einkaufszentren:

Eine Schranke verhindert das Wegfahren, ohne zu bezahlen. Als Entgegenkommen für den Einkauf garantieren viele Kaufhäuser ihren Kunden eine kostenlose Parkzeit.

Parkarme:

Viele Parkplatzbetreiber bieten diese spezielle Art des Parkens an. So können Fahrzeuge platzsparend in sogenannten „Kabinen" zeitweise eingelagert werden, die Bestandteil eines riesigen Rades sind, wie bei einem Riesenrad. In einer Art Drehplatte wird das Auto um 180 Grad gedreht, um es in die richtige Position zu bringen. Dabei etwas im Auto zu vergessen, wäre eher schlecht und würde nur unnötigen Aufwand auslösen. In der Regel werden Sie dort auf hilfsbereite Angestellte treffen, die Ihnen beim Parken helfen. Generell werden Sie in Japan beim Einparken und vielen anderen Bereichen hilfsbereite Angestellte vorfinden, die einen reibungslosen Ablauf garantieren.

Parkplatzpreise

Parken in Japan ist meistens kostenpflichtig, vor allem in den Ballungsräumen. Dabei belaufen sich die Preise im Durchschnitt bei **ca. 0,83 Euro/100 Yen** für 15 Minuten/30 Minuten, je nach Bezirk. Danach wechselt dieser Preis in eine Stunden- und dann in eine 24-Stunden-Tarifgebühr, allgemein jedoch **ca. 8,30 Euro/1.000 Yen**. Zudem variieren die Preise in den ländlichen Gegenden und in den Ballungsräumen teilweise gravierend.

Fahrräder/Zweiräder

Tokio ist weltweit als eine von fünf Städten mit den höchsten Kosten für Parkgebühren. Beim Kauf eines Autos ist es Gang und Gäbe, als Inhaber einen Parkplatzbesitz vorzuweisen, weil ansonsten der Kauf des Fahrzeugs nicht abgeschlossen werden kann.

Mieten Sie einen Leihwagen, ist es zudem notwendig, auch die Parkgebühren mit einzurechnen. Auch Zweiräder, ob nun ein motorisiertes Gefährt oder ein einfaches Fahrrad, sind ebenso an den dafür vorgesehenen Plätzen abzustellen und werden bei widerrechtlichem Abstellen auch abgeschleppt. Die Gebühren für Fahrräder sind **ca. 0,83-1,25 Euro/100-150 Yen** je Tag. Wollen Sie ein Mofa oder ein Motorrad abstellen, müssen Sie mit etwa **ca. 2,08 Euro/250 Yen** je Tag rechnen.

Strafzettel

Das Ausstellen von Strafzetteln für verkehrswidriges Parken übernehmen kleine Polizeifahrzeuge mit weiblichen Polizisten oder ein Rentner-Team der Polizei, welches normalerweise aus zwei Personen besteht. Sie fotografieren das falsch abgestellte Fahrzeug mit Nummernschild, um eine Beanstandung jeglicher Art zu vermeiden. Die kleinen

Polizeiautos der Polizistinnen markieren mit Kreide das falsch geparkte Fahrzeug, gleichzeitig machen sie eine Kreidemarkierung auf der Straße mit der anfallenden Information. Danach wird dem Falschparker die Möglichkeit gegeben, innerhalb von 10 Minuten wegzufahren, was durch die Verbreitung des Hinweises mit Angabe des Nummernschildes über Lautsprecher verkündet wird. Tritt der Verkehrssünder dann nicht an, um sein Fahrzeug wegzufahren, wird ihm eine Strafgebühr von **ca. 83 Euro/10.000 Yen** ausgestellt.

Raststätten und Tankstellen

An Raststätten und Tankstellen werden Sie als Kunde vom Personal regelrecht umsorgt. Der Service ist so ausgezeichnet, dass Sie sich vorkommen werden wie an einem Boxenstopp bei einem Formel-1-Rennen. Es gibt keinen Self-Service, sondern ein Angestellter wird sich um den gesamten Ablauf kümmern. Er wird Ihnen eine Zapfsäule zuweisen und Sie nach der Art der Tankfüllung fragen. Er wird im Anschluss Ihren Tank befüllen, während ein weiterer Angestellter sich um die Reinigung der Scheiben und Spiegel kümmert, was für Sie selbstverständlich kostenlos ist, von der Tankfüllung mal abgesehen. Auch das Leeren Ihres Aschenbechers und das Entfernen Ihres Mülls werden Ihnen angeboten. Gleichsam bekommen Sie ein feuchtes Tuch, um die Armaturen Ihres Wagens zu wischen. Bei einigen Tankstellen erhalten Sie sogar den Luxus eines deodorierenden Mittels. Haben Sie bezahlt, weist ein hilfsbereiter Mitarbeiter Ihnen den Weg vom Platz. Er stellt sich praktisch mitten auf die Straße, womit er die anderen Autos anhält, um Ihnen den Weg frei zu machen.

Benzinpreise

Japan bietet auch drei Arten Benzin an. Japan ist hier wie jedes andere Land, auch hier schwanken die Benzinpreise, allerdings bleiben meist die Preise zwischen bestimmten Sparten bestehen. Normalbenzin kostet pro Liter etwa zwischen **1,07-1,16 Euro/130-140 Yen**, Superbenzin zwischen **1,16-1,28 Euro/140-155 Yen** und Diesel zwischen **0,92-1,16 Euro/110-130 Yen**.

Allgemeines zum Fahrverhalten

Wie Sie ja bereits wissen, ist in Japan Linksverkehr. Die Japaner sind auch beim Fahren in der Regel äußerst höflich und zuvorkommend. Bei Verkehrsschildern besteht im ländlichen Bereich manchmal die Ausnahme, dass die Schilder nur in Japanisch bedruckt sind, anders als in den Ballungsräumen, wo die Schilder Anweisungen in Englisch und Japanisch anzeigen. Großstädte wie Tokio haben meist mehrere Spuren, die mit zahlreichen Symbolen versehen sind, jeweils in welche Richtung sie führen. Das Wechseln der Spur ist meist im aktiven Verkehr verboten und auch sehr gefährlich. Überlegen Sie gut in welche Richtung Sie möchten, nehmen Sie sich lieber noch einmal einen Stadtplan mit, um sich zu orientieren.

VERKEHRSREGELN

Auch wenn die Verkehrsregeln vielerorts die gleichen sind, gibt es dennoch Ausnahmen:

Abbiegeverbote:
Meist mit blauen Pfeilen versehen, die Ihnen anzeigen immer weiter gerade zu fahren. Anders als ein rot durchgestrichener Pfeil, der nach rechts oder links zeigt.

Ampeln:
Die Ampeln sind, anders als in den westlichen Ländern horizontal ausgerichtet. Zudem sind sie auf der

gegenüberliegenden Seite einer Kreuzung aufgestellt. Achten Sie darauf nicht direkt vor einer Ampel zu halten, da Sie die Ampel sonst nicht sehen können. Halten Sie lieber vor der Kreuzung, um den vollen Überblick zu haben. Sehr häufig verwendet sind grüne Pfeilsysteme, die Ihnen anzeigen dass Sie nach rechts oder links abbiegen dürfen. Achten Sie aber darauf nicht unverzüglich nach Umschalten der Ampel loszufahren, ein roter Pfeil könnte Ihnen die Weiterfahrt in die richtige Richtung für einige Zeit verwehren. Anders als in Tokio sind in Toyama und Niigata jedoch vertikale Ampelsysteme installiert.

Stoppschilder:

"止まれ" - „Tomare" heißt „anhalten" und steht auf einem roten Dreieck, welches auf dem Kopf steht.

Fußgänger:

Als Fußgänger hat man immer Vorfahrt. Vor allem in Tokio sind große Kreuzungen mit weitläufigen Fußgängerüberwegen. Als Autofahrer müssen Sie die Fußgänger erst passieren lassen, bevor Sie die Kreuzung selbst überqueren dürfen.

Kreuzungen:

Die Regel „Rechts vor links" oder „gerade vor Abbiegen" gilt zwar auf Deutschlands Straßen, anders aber in Tokio sind Rechtsabbieger benachteiligt und müssen warten. Bevorteilt sind Autos die entweder gerade weiterfahren oder nach links abbiegen. Wollen oder müssen Sie dennoch rechts abbiegen, bewegen Sie Ihr Fahrzeug bis zur Mitte der Kreuzung, eine Spur mit weißen Streifen wird Sie leiten. Ist dann die Straße frei, können Sie Ihren Weg fortsetzen.

Geschwindigkeitsbegrenzungen:

Diese betragen in ländlichen Gebieten zwischen 30 und 50 km/h, in Vororten oder sonstigen Straßen 60 km/h sowie auf den meisten Autobahnen 100 km/h. Achten Sie auf das Einhalten der Geschwindigkeitsbegrenzungen. In Japan ist man sehr streng und eine Menge feststehende Radargeräte überwachen die Straßen. Japaner sind meist eher zurückhaltend und achten auf ihre Geschwindigkeit.

Vorsichtsmaßnahmen:

Auch wenn die einheimische Bevölkerung eher sanfter Natur ist gibt es dennoch Ausnahmen, z. B. könnte jemand einfach aus heiterem Himmel anhalten und dies mit einem in letzter Sekunde gezeigten

Blinker kennzeichnen. Speziell Taxen und Lieferwagen neigen dazu, dies zu tun, oft gefolgt von einer plötzlichen Drehung oder Rückwärtsfahren. Auch ist der Unterschied zwischen den Spuren für Autos und den Wegen der Fußgänger nicht immer eindeutig. Außerdem gibt es keine erhöhten Fußgängerwege, die Fußgänger laufen also am Straßenrand. Besondere Vorsicht ist also mit Fahrrädern, Motorradfahrern, Mopedfahrern und Fußgängern geboten.

Auch verhindern oftmals Fahrzeuge die an den Seitenrändern der Straßen abgestellt wurden, das Durchkommen. Wie aus dem Nichts kann ein Fußgänger, Radfahrer etc. auftauchen oder ein Fahrzeug welches auf der falschen Seite fährt oder Angestellte mit Karren mitten auf der Straße. Ein Fahrzeug, welches von älteren Personen gefahren wird, erkennen Sie an einem gelben oder orangefarbenen Blatt. Außerdem achten Sie auf die Straßen auf dem Land, da diese an ihrer Seite einen speziell angelegten Wassergraben haben. Für Fahranfänger stehen die Grünen und gelben Rauten.

Autobahnnetz
Über 7.000 km streckt sich das Autobahnnetz Honshu-Kyushu-Shikoku-Netz in ganz Japan hin.

Ohne Unterbrechung wird damit das nördliche Aomori von Honshu bis hin zum südlichen Kyushu inkl. der Shikokuinsel verbunden. Einzig die O-kinawa- und Hokkaidoinseln wurden nicht mit diesem Straßennetz verknüpft und verfügen über ihre eigenen Autobahnen. Die am meisten genutzten Autobahnen sind:

1. Tohaku-Autobahn, die Verbindung zwischen Tokio und Aomori

2. Tomei-Autobahn, die Verbindung zwischen Nagoya entlang der Pazifikküste und Tokio

3. Chuo-Autobahn, die Verbindung zwischen Nagoya, über die Berge und durch die Regionen Kanagawa, Yamanashi, Nagano und Gifu, und Tokio. Gleichzeit ist sei eine Zufahrt zum Fujisan und den 5 Seen.

4. Meishin-Autobahn, zwischen Osaka über Kyoto und Nagoya

5. San'yo-Autobahn, über Kobe bis Yamaguchi, über das Innenmeer und Hiroshima

6. Chugokou-Autobahn, die in Osaka anfängt, über Yamaguchi verläuft, allerdings über das Landesinnere

7. Horuriku-Autobahn, beginnend in Maibara innerhalb der Präfektur Shiga in Niigata über Kanazawa

Wie fahren Sie auf die Autobahnen?

„Interchange" (IC) ist die Bezeichnung für die Autobahneinfahrten. Dabei sind Mautstellen mit einbezogen, die mit der sog. ETC-Markierung versehen sind. Diese „Electronic Toll Collection" ist ein System zur automatischen Zahlung. Dort können Sie entweder bar oder mit Kreditkarte bezahlen.

Dazu müssen Sie Inhaber einer ETC-Karte und einem Fahrzeug mit einem ETC-Kartenlesegerät sein. „ETC 専用" ist die Markierung auf einer blauen Ausschilderung. „JCT" kennzeichnet Autobahnkreuze mit mehreren Autobahnen. Japans Autobahnen sind meistens zwei,- oder mehrspurig in einer Richtung. Die dreispurigen Abschnitte treten meist auf bei Tunneln oder Bergen, da diese sehr eng sind. Normalerweise sind max. 100 km/h zu fahren, aber auch max. 50 km/h sind möglich. Achten sie darauf, dass Autofahrer, die auf die Autobahn auffahren wollen, immer Vorfahrt haben. Zu Sicherheitszwecken und dem Komfort wegen gibt es alle 15 bis 20 km Parkplätze und alle 50 bis 80 km Raststätten.

Vermeiden Sie unbedingt die Fahrt auf Japans Autobahnen an Feiertagen und in den Ferien. Vor allem im Neujahr, während der Golden Week, die Anfang Mai stattfindet, sowie dem Obon-Festival, das Mitte August gefeiert wird, aber auch an verlängerten Wochenenden gekoppelt mit Feiertagen kommt es zu riesigen Verkehrsstaus. Planen Sie am besten nicht, bei Ferienanfang und Ferienende auf der Autobahn unterwegs zu sein.

Gebühren auf der Autobahn

Die Gebühren auf der Autobahn müssen sofort an der Ausfahrt entrichtet werden. Dabei belaufen sich die Gebühren auf einen Kilometerpreis inkl. einer Pauschale von **1,25 Euro/150 Yen** sowie einer auf **0,42 Euro/50 Yen** abgerundeten Gebühr mit einer zuzurechnenden Verbrauchssteuer von etwa 8 %. Für einen Durchschnittspreis je Kilometer zahlen sie etwa **0,21 Euro/25 Yen** für ein gewöhnliches Fahrzeug. Als Beispielrechnung können Sie sich vorstellen, dass die Strecke zwischen Tokio-Nagoya etwa **58 Euro-66 Euro/7.000-8.000 Yen** liegt.

Raststätten an Autobahnen

An den Raststätten der Autobahn werden Sie eine sehr gute Ausstattung vorfinden. Sauberkeit ist für Japaner vor allem im Dienstleistungsbereich extrem wichtig. Dort können Sie ihre Vorräte an Benzin, Souvenirs etc. auffüllen. Tankstellen, Restaurants, Souvenir-Shops und die Toiletten bieten Ihnen alles, was Sie für Ihren Zwischenstopp benötigen. Insbesondere die Sauberkeit der Toiletten wird überzeugend sein. Auch stehen meist überall Automaten für heiße Getränke, kalte Getränke und kleine Imbisse zur Verfügung, aber teilweise auch Starbucks-Filialen. Oft werden Sie von digitalen Informationsschildern begrüßt, die Ihnen Informationen über die aktuelle Verkehrslage der umliegenden Straßen sowie den aktuellen Status liefern. Japans Raststätten sind sogar so weit entwickelt, dass Sie dort ein Onsen besuchen können.

Mobiltelefon mieten

Japans Telefonnetz ist anders als ein westliches Netz. Regelrecht abgeschottet ist dieses Netz ausschließlich auf einer eigenen Leitung und um in Japan Ihr Handy benutzen zu können, müssen Sie eine „Japan-SIM-Karte" besorgen. Sie können bei vielen Anbietern wie Amazon etc. die Prepaidkarte vor Antritt der Reise erwerben. Aber auch in Japan selbst ist es sehr einfach, ein funktionierendes Mobiltelefon zu bekommen. Die beste Möglichkeit ist es, direkt in Japan am Flughafen oder in sog. Aeon-Käuferhäusern eins zu kaufen. In diesen Kaufhäusern kommt es auch vor, dass Sie die Karte vorbestellen müssen, da diese oft nicht auf Vorrat vorhanden sind. Auch Elektronikkaufhäuser wie Bic Camera,

Kojima, Sofmap etc. verkaufen Prepaidkarten. Khaosan-Hostels in Tokio und Kyoto sowie die Touristen-Information in Tokio bieten dieselbe Dienstleistung an. Zeigen Sie einfach das ausgedruckte Dokument vor. Danach folgen Sie einfach der Anweisung zur Installation und nach einem Neustart Ihres Endgerätes ist die SIM-Karte dann einsatzfähig. Nach dem Erwerb können Sie die Karte alle 30 Tag verlängern lassen. Eine Kündigung der SIM-Karte ist nicht notwendig, da diese allein ausläuft.

Verschiedene Provider stehen dabei zur Auswahl. Zum einen der Japan Rail Pass/Japan Experience, der ab **19 Euro/2288 Yen** für 8 Tage, bei **27 Euro/3251 Yen** für 16 Tage und bei **36 Euro/4336 Yen** für 31 Tage mit einer unbegrenzten Datenmenge zur Verfügung steht. Dann gibt es da noch bmobile SIM für drei Wochen ab **29 Euro/3480 Yen**, Softbank Rental mit täglich **8,06 Euro/970 Yen**, Japan Wireless **ab 24,92 Euro/3000 Yen** für 7 Tage, Global Rental für 3 Tage **ab 38 Euro**, Sakura SIM **ab 29,07 Euro/3.500 Yen plus 0,42 Euro/50 Yen pro Tag** und Rental CD Japan **ab 2,66 Euro/320 Yen** pro Tag. Weitere Provider mit weniger Leistung sind zwar existent, jedoch lohnt es sich die hohe Leistung zu wählen, wenn man bedenkt, dass man viel im Urlaub erleben und des gelegentlich mitteilen möchte. Eine weitere sehr günstige Möglichkeit ist es, für nur **1-2 Cent** ins Deutsche Netz zu telefonieren, indem Sie Skype nutzen.

Internet mieten

Das Internet ist für die Reise essenziell. Mit dem **Pocket WIFI** haben Sie 24 Stunden lang eine optimale Internetverbindung. Das Gerät verfügt über Breitband, hat einen unbegrenzten Zugang, eine lange Autonomie und ist zudem klein und leicht. Noch immer ist ein kostenloser WLAN-Zugang in Japan sehr selten. Nutzen Sie den schnellen und unbegrenzten Internetzugang des mobilen WLAN-Routers, um sich in Japan zu orientieren.

Machen Sie z. B. eine Individualreise, so ist es sinnvoll, direkt in Japan selbst, z. B. in Tokio kurz vorher eine Unterkunft anzumieten, was Sie nur mit Hilfe einer funktionierenden Internetleitung schaffen können. Allerdings sollten Sie die Zeit beachten, zu der Sie fahren. Wählen Sie z. B. die Ferienzeit oder nationale Ereignisse wie das Kirschblütenfest oder andere internationale Ereignisse, sollten Sie lieber vorsorgen. Der Router lässt Sie auf dem iPhone, dem

Android-Smartphone und Ihrem Laptop auf das Internet zugreifen. Sogar bis zu 10 Geräten kann der Pocket WIFI insgesamt verbinden, darunter auch das iPad, Kameras und tragbare Konsolen.

Der Pocket WIFI wird ab einer Mindestnutzung von 5 Tagen vermietet. Sie können ihn direkt in Ihr Hotel liefern lassen oder direkt am Flughafen selbst abholen. Achten Sie aber darauf, dass Sie eine Batterielaufzeit zwischen 9 und 12 Stunden, je nach Ihrer Nutzungsintensität zur Verfügung haben und mit einer Ladezeit von 3 Stunden rechnen müssen. Die Rückgabe ist denkbar einfach.

Haben Sie Ihre Reise beendet, nutzen Sie einfach den vorfrankierten Rücksendeumschlag und werfen diesen einfach, den Router enthaltend, in irgendeinen Briefkasten in Japan. Haben Sie ihn verloren oder senden Sie ihn zu spät zurück begehen Sie allerdings eine Vertragsverletzung, welche ohne weitere Mahnung einhergeht. In diesem Fall müssen Sie den Router unverzüglich in der vollen Höhe bezahlen und Ihre Kreditkarte wird belastet. Der Router kostet Sie bei zu später Rückgabe **ca. 3,33 Euro/400 Yen** je Tag und haben Sie ihn verloren, ist die Gesamtpauschale von **ca. 183 Euro/20.000 Yen fällig**.

Die Mietkosten des Routers belaufen sich bei der Mindestleihzeit auf **45 Euro/5451 Yen** und steigen pro Tag um **3 Euro/363,40 Yen**.

Möchten Sie den Router nicht nutzen, haben Sie auch die Möglichkeit den Internetzugang an anderen Locations zu nutzen. Es gibt **Internetcafés,** in denen eine Stunde Surfen ca. **1,66-5,81 Euro/200-700 Yen** kostet. Auch haben Sie die Möglichkeit an **öffentlichen Hotspots** das WLAN kostenfrei zu nutzen. In Ihrem **Hotelzimmer** ist es am einfachsten gleich bei der Buchung zu beachten, dass dort ein Internetzugang erhältlich ist. Auch gibt es den Service, einen Internetzugang bereitzustellen, in fast **jedem Supermarkt, McDonalds etc.** z. B. auch bei Japan Connected oder Boingo.

Mentalität und Traditionen

Die Bevölkerung Japans lebte zwar lange in der Isolation, dennoch sind die Japaner ein offenes Volk. Besonders Kinder werden von ihnen geliebt. Deswegen ist eine Japanreise mit Kindern immer ein besonderes Erlebnis, vor allem für die Kleinen. Zudem ist die Reise mit Kindern nach Japan völlig unkompliziert. Lediglich ein paar Kleinigkeiten wie notwendige Medikamente, Besteck etc. die Sie aus organisatorischen Gründen von Zuhause mitnehmen sollten, sind notwendig. Japaner leben mit dem Gedanken des Gefühls der Zusammengehörigkeit. Allein die Tatsache, dass sie niemals vor dem Chef nach Hause gehen oder anderen Kollegen trotz Krankheit niemals ihren Anteil an Arbeit aufbürden würden, ja dafür sogar ihren Urlaub verfallen lassen, zeugt von ihrem starken Drang, ein gutes soziales Gefüge zu schaffen und zu erhalten. Sie werden immer ein Lächeln auf den Lippen der Einheimischen vorfinden, es sei denn Sie brechen diverse, äußerst strenge Regeln wie mit Straßenschuhen oder Toilettenslippern in unerlaubten Bereichen herumzugehen.

Jeder, der Japan besucht, wird feststellen, dass die Japaner Menschen sind, die außergewöhnlich gewissenhaft, fleißig, sorgfältig, ehrlich und technisch versiert sind. Meist sind sie sogar rührend schüchtern und ausgesprochen befangen. Sind Sie z. B. schwul oder lesbisch, wird man lediglich auf dem Land die Stirn runzeln.

Japaner befolgen strenge gesellschaftliche Regeln. Drängeln Sie z. B. nie an einer Schlange, dies wird schnell als Unverschämtheit aufgefasst. Zwar wird man Sie dafür nicht direkt rügen, jedoch werden Sie die Gastfreundschaft der Japaner unter

Umständen aufs Spiel setzen. Vor allem im Service legen die Einheimischen großen Wert auf Perfektion. In manchen Restaurants gehen die Bedienungen sogar vor den Gästen auf die Knie.

Ob im Flugzeug, im Restaurant oder jeglicher Art von Service, auch im Zug, steht ein perfekter Service im Vordergrund. Leider leiden noch immer viele Japaner unter „Karōshi". Das ist eine stressbedingte Krankheit die den Tod durch Überarbeitung bringt. Mittlerweile gibt es Gegenmaßnahmen wie z. B. Seminare, um Gefühle zu zeigen und damit Stress abzubauen, was bereits viele Arbeitgeber in Anspruch nehmen und dies auf lange Sicht für eine gute Investition halten. Fahren Sie mit dem Zug, dem Bus etc. werden Sie schnell merken, dass der Faktor Pünktlichkeit eine hochgradige Rolle spielt. Eine Verzögerung von wenigen Sekunden ist in Japan bereits viel. Sehen Sie sich nur mal das Zugfahren in Deutschland an, dann werden Sie es schnell verstehen.

Auch ist in Japan ein ausgeklügeltes, organisatorisches System, welches Touristen jederzeit unterstützt, Gang und Gäbe. An fast jeder Stelle werden Sie Mitarbeiter finden, die Ihnen beim Parken helfen oder Ihnen sogar die Einkäufe in den Korb räumen, ja

Ihnen sogar helfen, die richtigen Lebensmittel in einem typischen japanischen Supermarkt zu finden und vieles mehr. Ist mal kein Mitarbeiter vorhanden, werden Sie die Hilfe eines Automaten vorfinden z. B. eines Getränke- oder Süßwarenautomaten etc. In Japan ist die Mülltrennung einer strengen Regelung unterzogen. Durch ehemalige Giftgasanschläge sind alle öffentlichen Mülleimer entfernt worden.

Zudem ist es verboten, den Müll einfach auf die Straße zu werfen, Sie müssen ihn mit ins Hotel nehmen und dort sauber trennen. Bitte kommen Sie nicht auf die Idee, in die Pfandflaschenbehälter neben den Getränkeautomaten Ihren Müll zu entsorgen, diese sind nur für die Pfandflaschen gedacht.

Für Ihre Reise benötigen Sie auch nur die notwendigen, verschreibungspflichtigen Medikamente, denn Japan ist als eines der am besten organisierten Länder mit einer sehr guten ärztlichen Versorgung. Jedoch gibt es leider den einen oder anderen Arzt, der ungern Ausländer behandelt. In diesem Fall zeigen Sie einfach Ihre Krankenversicherung vor und bestehen auf eine Behandlung. Im Zweifelsfall fragen Sie einfach in Ihrem Hotel oder Ryokan nach, dort wird man Ihnen das beste Krankenhaus oder den besten Arzt nennen.

Zum Thema Körperkontakt sollten Sie wissen, dass die Japaner Köperkontakt als soziale Nähe ansehen. Je näher Sie einem Japaner kommen, sei es auch nur ein Händeschütteln, welches zwar mittlerweile von einigen Geschäftsleuten, die mit dem Ausland zu tun haben praktiziert wird, ist normalerweise bereits ein Beweis, dass Sie mit demjenigen eine sehr enge Freundschaft halten. Und auch wenn moderne Jugendliche in Japan beginnen, Händchen zuhalten wenn sie zusammen sind, ist auch diese Geste eher ungewöhnlich.

Japan ist hauptsächlich vom Buddhismus geprägt und überall werden Sie wunderschöne Tempel vorfinden, in denen ehrenwerte Mönche die religiösen Pflichten übernehmen und die Tempelanlagen pflegen. Auch sind japanische Städte und Dörfer nicht nach dem deutschen Prinzip der Hausnummern gebaut. Je nach Baujahr erhält ein Haus die nächste Hausnummer, anders als in den westlichen Ländern wie Deutschland, in dem die Hausnummern ungerade auf der linken Seite in der richtigen Reihenfolge stehen und auf der anderen Seite die geraden auf der gleichen Weise. Fragen Sie in den „Kōban", den kleinen Polizeihäuschen nach, dort werden Sie zur richtigen Adresse verwiesen.

SPRACHE, SCHIMPFWÖRTER UND FLUCHEN

Mit einem kurzen Ausflug in die sprachliche Ebene der Schimpfwörter und dem Fluchen werden Sie sehen, dass es eigentlich gar keine Schimpfwörter gibt. Mit den verschiedensten Arten „Du" zu sagen, drücken Japaner ihrem Gegenüber ihren Respekt aus, können aber damit auch sehr gut beleidigen.

Die Bezeichnungen „Kisama" und „Temê" sind zwei wirklich unhöfliche Beispiele. Auch „Omae" hat einen beleidigenden Klang und wird von vielen Japanern sogar in Ihren eigenen vier Wänden vermieden. „Aho ka?!" ist der klassische Satz für „Bist du ein Idiot/bist du bescheuert?!", hat aber nichts in direkter Übersetzung damit zu tun. Beim Schimpfen und Fluchen auf Japanisch macht der Ton die Musik. Z. B. ist „Shitsukê" absolut harmlos, wird es aber „Shitsukoi" ausgesprochen, hat es einen aufdringlichen Klang und hat die Bedeutung als extrem unhöflich, da Aufdringlichkeit in Japan ebenso ein Zeichen von Unverschämtheit ist. Möchten Sie sich in Japan gut mit den Einheimischen verständigen, ist es unabdinglich, die Sprache zumindest mit den notwendigsten Floskeln zu lernen. Noch besser ist es natürlich, die Sprache zu beherrschen. Denn je mehr Sie sich mit der Sprache und der Kultur des Landes beschäftigen, desto offener werden die Japaner Ihnen gegenüber.

SICHERHEIT

Japan ist eines der sichersten Länder der Welt. Tokio hat gerade mal 150 Diebstähle pro Monat. Im Vergleich dazu gibt es in Berlin monatlich über 1.000 Überfälle. Fallen Sie einem Diebstahl zum Opfer, suchen Sie ein Kōban-Polizeihäuschen oder eine größere Polizeistation auf. Oftmals löst sich die Situation auf, indem ein freundlicher Einheimischer Ihre verlorene Sache einfach in das Fundbüro bringt.

TRADITIONEN

Onsen sollten in Ihrer Reiseplanung mit an oberster Stelle stehen. Die heißen Quellen sind nach Ansicht der Einheimischen etwas, das seinen Ursprung nicht auf dem asiatischen Festland hat. Wegen Japans Insellage auf einem vulkanischen Untergrund sind dort natürliche Quellen existent, die nicht nur zur Entspannung dienen sondern auch zur Behandlung von Krankheiten genutzt werden. Die Mineralien eines Onsen pflegen die Haut und beugen Krankheiten vor, heilen aber auch bestimmte Krankheiten aus. Als sentō sind künstlich erhitzte Onsen gemeint, die an Orten gebaut wurden an denen keine natürliche Onsenquelle vorhanden ist. Der Eintritt in ein Onsen ist selten höher als **8,30 Euro/1000 Yen**.

WISSENSWERTES ÜBER ONSEN

Verschiedene Onsen in Japan werden hierfür unterteilt:

- Männerbad otoko-yu oder dansei-no-yu

- Frauenbad onna-yu oder josei-no-yu

- Familienbad kazoku-no-yu

- Außenbad rotemburo

- öffentliches Bad soto-yu

- privates Bad uchi-yu

Meist sind Onsen in Ryokans und Gästehäusern eingerichtet und dienen wie zu alten Zeiten noch immer als soziale Treffpunkte. Das Motto „hadaka no tsukiai", was so viel wie „nackte Freundschaft" bedeutet und ist in der japanischen Gesellschaft ein sozialer Ausgleich. Tätowierungen müssen Sie allerdings abdecken, meist dürfen Sie gar nicht mit Tätowierungen hinein, da diese der „yakuza", der japanischen Mafia zugeordnet werden. Waschen Sie sich unbedingt, bevor Sie ins Bad steigen.

Passen Sie auch auf, dass Sie als Frau nicht in das Männerbad gehen und umgekehrt. In Tokio gehören zu den besten Onsen der ōedo-Onsen-Monogatari.

Er befindet sich auf einer künstlichen Insel in der Bucht von Tokio und ist eine Nachbildung einer Stadt der Edo-Zeit. Dazu gibt es eine Vielzahl an Wannen, welche sich teilweise im Freien befinden, Restaurants, Geschäfte und Entspannungsräume.

TEMPELANLAGEN

Zweifelsohne sind Tempelanlagen immer einen Besuch wert. Allein in Tokio können Sie gar nicht alle Tempel besichtigen, so viele gibt es dort. Falls Sie nicht wissen, wie Sie sich gerade verhalten sollen, orientieren Sie sich am Verhalten der Japaner. Oft ist es nicht leicht die richtigen Verhaltensweisen gleich zu kennen. Die Shintō-Schreine, auch „Weg der Götter" bestehen nach japanischem Glauben aus tausenden von Göttern, die in verschiedenen Tempeln geehrt und um Glück und Hilfe gebeten werden.

Beim Besuch eines solchen Schreins werden Sie hinter dem Tor ein Wasserbecken, das „chōzuya" mit einer Kelle, der „hishaku" auf einem Gestell vorfinden. Füllen Sie die Kelle und schütten Sie das frische Wasser über Ihre Hand. Tun Sie das bei jeder Hand. Dann geben Sie etwas vom Wasser in die hohle Hand und spülen Ihren Mund, spucken dieses aber wieder auf den Boden, niemals zurück ins Becken. Danach begeben Sie sich in die Gebetshalle der „haiden", bevor Sie die Haupthalle, die „honden" den Sitz des Gottes betreten. Seien Sie immer respektvoll.

Ziehen Sie die Schuhe aus und tragen Sie lange Hosen, das macht einen besseren Eindruck auf die Einheimischen. Im Inneren drin finden Sie ein Spendenkästchen mit einem Gong an einer Schnur darüber vor. Läuten Sie den Gong um den Gott anzurufen, beten Sie dann und klatschen zweimal in Ihre Hände. Zum Entfernen verbeugen Sie sich und gehen rückwärts weg. Wenn Sie 5 Yen opfern, werfen Sie dieses in den Spendenkasten. Manchmal finden Sie Schilder vor, die Ihnen Fotos explizit erlauben. Fotografieren Sie keinesfalls ohne Erlaubnis in einem der Tempel, da dies von den Japanern als äußerst respektlos angesehen wird.

FESTLICHKEITEN

Das Kirschblütenfest „hanami" findet in ganz Japan statt. Dort wird mit Vorliebe an passenden Orten gepicknickt, um die rosafarbenen Blüten zu bestaunen. In Tokio Ende März/Anfang-April finden die Festlichkeiten statt. Schöne Orte, das Fest zu genießen, sind der **Sumida Park,** auf dem man das rosa Blütenmehr besonders gut beobachten kann. Der Kauf einer Fahrkarte für eine Fähre hilft beim Bestaunen des gesamten Blütenmeeres.

Aber auch der **Tokio Ueno Park** neben dem Bahnhof ist ein toller Platz. Dort können Sie sogar ein Tretboot leihen und die Blütenpracht bestaunen. Bis Ende April ist auch der **Shinjuku Gyoen** mit einem Eintritt von **200 Yen**, ein wunderschöner Ort für ein Hanami-Picknick. Tipp: Wenn Sie früh morgens kommen, ist weniger los. Direkt neben dem Bahnhof Nakameguro können Sie kostenlos am **Fluss Meguro** den Zauber von über 700 Kirschbäumen genießen.

Besonders ist hier, dass am Abend des Festivals die Bäume zusätzlich angestrahlt werden. Lediglich 5-6 Minuten Fußweg vom Bahnhof Harajuku entfernt, können Sie den **Yoyogi Park** kostenlos besuchen und mehr als 500 Kirschbäume sehen. Hier ist sogar Alkohol und lautes Feiern erlaubt. Nach einem kurzen Fußmarsch vom Bahnhof Kichijoji erreichen Sie den Inokashira Park, auf dem Sie kostenlos die über hundert vorhandenen Kirschbäume bestaunen können. Als kleines Erlebnis können Sie sich ein Softeis holen und sich ein Tretboot-Schwan ausleihen. Die Kirschblüten sind aber auch vom **Mount Fuji** - dem Nordufer vom See Kawaguchi, zu bestaunen. Mitte April fahren Sie einfach mit dem Bus 20-25 Minuten vom Bahnhof Kawaguchi, um dort kostenlos den berühmtesten Berg Japans und die Kirschbäume auch auf der Linse einzufangen.

Weitere Festivals sind das **Sapporo Snow Festival** am 6. bis 12. Februar, welches 7 Tage gefeiert wird. Dort können sie tolle Skulpturen bewundern, die sich auf drei Standorte erstrecken.

Am 1. Aprilsonntag feiern die Japaner das **Kanamara Matsuri**, auch bekannt unter dem Namen „Penis-Festival". Es ist ein abgedrehtes Fest, an dem das Geschlecht des Mannes gefeiert wird. Männer verkleiden sich als Frauen und ein riesiger Penis wird als Statue durch die Stadt gezogen. Beim Kauf von Souvenirs und Snacks finanzieren Sie damit die AIDS-Forschung.

Das **Sanja Matsuri** Fest findet am 3. Wochenende im Mai in Tokio statt. Wörtlich bedeutet es: „drei Schreine Festival". Geistliche, Geishas, Musiker und Tänzer in traditionellen Kostümen führen die Prozession an, die viele tragbare Schreine transportiert.

Am 5. Juni findet in der Gegend von Nagoya das **Atsuta Festival** statt. Mit 365 Laternen ausgestattete fünf Makiwara, riesige, baumartige Konstrukte befinden sich an den Eingängen der Schreinanlagen. Dort werden mit traditioneller Musik begleitet shintoistische Tänze und diverse Kampfsportarten aufgeführt.

Ein kurzer Ausflug nach Kyoto zwischen dem 1. und dem 31. Juli lässt Sie das **Gion Matsuri** erleben. Dort geht man vom Yasaka Schrein in Kyoto aus zu einem der berühmtesten Festivals Japans.

Das **Tanabata Festival** vom 6. bis zum 8. August in Sendai heißt so viel wie „siebter Abend" und hat seine Wurzeln in einem alten chinesischen Volksmärchen. Dort stellen die Sterne ein Liebespaar dar, welches sich nur einmal im Jahr treffen kann. Das ist ein Fest, das in ganz Japan gefeiert wird.

Das **Ohara Kaze-no-Bon Festival** vom 1. bis zum 3. September in Yatsuo, südlich der Stadt Toyama gelegen, ist ein traditionelles Volksfest, um die Götter des Windes zu besänftigen und um eine reiche Ernte zu bitten. Eine tolle Gelegenheit, um einen leichten Sommerkimono und traditionelle japanische Sommerkleidung für Männer zu tragen.

Am 17. Oktober findet das **Toshogu Syrien Shuki Taisai** statt. Dieses große Herbstfest findet in Nikko statt und ist eine Art Pendant zum Shunki Reitaisai, dem großen Frühlingsfest Mitte Mai. Männer als Samurai verkleidet und Frauen in schicken Kimonos führen eine Prozession an den sie einen einzigen Schrein tragen.

Das **Kasuga Wakamiya On-Festival** vom 15. bis 18. Dezember am Wakamiya Schrein auf dem Gelände des Kasuga Schreins in Nara dauert ganze vier Tage und bietet ein ausgiebiges Musik- und Tanzfest mit traditionellen künstlerischen Aufführungen, um die verschiedenen Epochen zu ehren.

Zum Besuch all dieser Festlichkeiten und mehr können Sie sich einen Yukata, einen leichten

Sommerkimono aus Baumwolle leihen oder aber auch kaufen. Letzteres ist eher eine Frage des Gebrauches. Reist man z. B. nur einmal nach Japan, braucht man diesen oftmals nicht mehr und es ist besser, sich lediglich einen Yukata zu mieten. Mit dem passenden Schuhwerk, einem Geta und einem Beutel für die Frau bezahlen sie dafür etwa **25 Euro/3500 Yen** im Supermarkt. Wollen Sie sich einen Yukata leihen, bestellen Sie sich am besten einen vor. Daruch bekommen Sie oft Rabatt. Die Mietgebühr beginnt beim Tokio-Aki-Verleiher ab **57 Euro/6840 Yen**, beim Kyoto-Yumeyakata-Verleiher **ab 29 Euro/3500 Yen** und dem Tokio Kimono Rental tansu-ya **ab 25 Euro/3000 Yen,** falls Sie etwas mehr Reisebudget zur Verfügung haben können. Evtl. ist sogar die Auswahl größer und schöner.

TEEZEREMONIE

Die japanische Teezeremonie hat eine tiefe Veranke-
rung in der japanischen Kultur. Der Mensch soll
durch die Durchführung Ruhe, Gelassenheit und
Wärme geben und diese in seinen eigenen Geist ein-
kehren lassen. Die vier Prinzipien des Teeweges,
festgelegt von Sen no Rikyu, der die Begriffe Harmonie, Hochachtung, Respekt, Reinheit und Stille damit
meint.

Bei dieser Zeremonie wird der Anklang mit den
Jahreszeiten der Natur abgestimmt, die Utensilien
zueinander und die Harmonie zwischen Gast und
Gastgeber gefestigt. Durch die strengen Regeln und
dem respektvollen Umgang mit den Teilnehmern
der Teezeremonie und dem Zubehör wird vor allem
die Dankbarkeit und Hochachtung in den Fokus ge-
stellt. Bei Beginn der traditionellen Teezeremonie
müssen sich alle Gäste den Mund ausspülen und die
Hände waschen, was nicht nur für Sauberkeit sorgt,
sondern vor allem das Herz und den Geist reinigen
soll. Durch die dann entstehende Stille entsteht dann
der Einklang der inneren Einkehr.

Gleichsam kommt das Prinzip des Wabi-Sabi zur
Geltung. Ein Konzept, welches sich auf die

Wahrnehmung von Schönheit bezieht sowie eine enge Bindung mit dem Zen-Buddhismus aufweist, der auf Trostlosigkeit und Bescheidenheit basiert. Durch diese mentalen und traditionellen Einstellungen sind die Teeräume meistens schlicht ausgestattet und haben nur die notwendigen Utensilien.

Der Ablauf ist nicht so komplex, wie Sie jetzt vielleicht denken. Es beginnt mit dem Wandeln entlang des Gartenpfades, dem „Roji". Somit sollen die Gäste den ersten Schritt machen, um den Alltag abzustreifen und sich auf die Teezeremonie vorbereiten. Als nächstes reinigen die Gäste sich Hände und Mund an einem Wasserbecken am Teehaus. Diese Reinigung symbolisiert das Entfernen alles Bösen und Schlechten, danach müssen die Schuhe ausgezogen werden, sobald das Teehaus betreten wird. Eine solche Zeremonie kann bis zu vier Stunden lang andauern. Während dieser Zeit wird vor dem eigentlichen Aufguss des Tees eine leichte japanische Speise aufgetischt, das „Kaiseki". Haben die Gäste gegessen, verlassen sie den Raum noch einmal. Danach lässt der Teemeister fünf Mal den Gong erklingen. Dies ist die Aufforderung, den Raum erneut zu betreten, wo man dann im japanischen Fersensitz oder im

Schneidersitz, dem „Seiza", Platz nimmt. Der Teemeister reinigt dann den Teebesen, die Teeschale
und den Teebambuslöffel, wobei er einer genauen
Anweisung folgt.

Der Hauptgast bekommt dann vom Teemeister
den Tee gereicht, meist ist es Matcha, der die Schale
mit einer Verbeugung entgegennimmt und diese
dann von Gast zu Gast reicht. Dabei ist streng vorge-
schrieben, die Tasse zwei Mal zu drehen, damit man
nicht die Vorderseite der Tasse zum Trinken nutzt.
Möchte man Gespräche führen, sind diese nur über
Themen innerhalb des Teeraums zu führen.

KUNST

Kunst ist in Japan ein ganz besonderes Feld. Natürlich sind das **Kabuki-Theater** und deren Vorstellun-
gen der wunderschönen, anmutigen **Geishas** eine
Augenweide und ein unvergessliches Erlebnis. Doch
bereits vor 400 vor Christus hat Japan auch eine er-
staunliche **Handwerkskunst** entwickelt. Betrachten Sie nur mal die Kunst der Katakana-Schmiede.
Diese Schwerter sind nicht nur Wahrzeichen der sa-
muraischen Tradition, sondern tragen das

japanische Erbe neben Theater, Kampfsport, kunstvoller Blumenstecktechnik, Teezeremonie und besonders anmutiger Kimonobekleidungskunst noch immer in die Lebensweise der jüngeren Generation und wirken damit auch einen Zauber auf die westliche Welt aus.

Was die japanischen Künstler allein mit **Keramik** herstellen, ist schon verzaubernd. Die Teeschalen, die in diesen Werkstätten produziert werden, werden sogar in den althergebrachten Teezeremonien verwendet. Aber nicht nur Keramikkunst gibt es dort zu finden. Japanische Kunsthandwerker stellen die **schärfsten Messer** her, die Sie finden können. Mit einem kunstvoll verzierten japanischen Messer schneiden Sie Ihr ganzes Leben lang.

Die „Shikki", also **Lackwaren,** wurden bereits in der Jōmon-Zeit zwischen 13.000 und 400 vor Christus angewendet. Diese Lacke sind meist bernsteinfarben, aber oft auch schwarz, violett, gelb und sogar weiß. Dieser Lack ist dann extrem haltbar. Diese uralte Kunst entnimmt von Gifteichen den Saft, der hochgiftig ist und es ist für die Handwerker notwendig, eine Immunität dagegen zu entwickeln.

Eine besondere Kunst ist auch die **Kalligrafie**, der Weg des Schreibens, „Shodō". Adelige, Priester und Samurai übten dies aus, um ihre Mentalität und Stärke zu festigen. Ziel ist es bei dieser Kunst, ein fließendes, elegantes Bild zu erschaffen.

Eine weitere Kunstform sind die **Holzschnitte**, die „ukiyo-e", was „Bilder der fließenden Welt" bedeutet. Diese Kunst führt eine Beziehung auf eine buddhistische Metapher über die vergängliche Welt flüchtiger Vergnügungen. Meist wählten die Künstler ihre Motive aus den kitschig-bunten lebhaften Unterhaltungsvierteln in Edo, Kyoto und Osaka, aber auch die anmutigen Landschaftsviertel wie der Fujisan, wie die Japaner den Mount Fuji liebevoll nennen.

Als **Ikebana** ist die japanische Kunst des Arrangierens von Blumen gemeint. Diese Tradition rührt daher, dass man vor allem im 6. Jahrhundert durch Japan reiste, als man Buddha und den Geistern der Toten Blumengaben darlegte. Auch hierfür gibt es strenge Regeln, auch wenn der ein oder andere Stil leicht abweicht, was sich lediglich darin zeigt, dass anstatt zwei Blüten drei Blüten drapiert werden.

Auch die Moderne hat ihre Kunstwerke, z. B. ist **Wabi-Sabi** eine Kunst, die sich auf Schönheit bezieht, z. B. wie bereits benannt, innerhalb der Teezeremonie, aber auch in anderen Bereichen wie dem Keramikhandwerk etc.

KAMPFSPORT

Auch der Kampfsport hat in Japan eine uralte Tradition. Diese Kunst übt nicht nur eine große Faszination aus, sondern hat auch verschiedene Ursprünge. Man findet z. B. neben körperlicher Stärke auch innere Ruhe und Ausgeglichenheit. Diese philosophischen Ansätze dienen dazu, zur Entspannung, zur Meditation aber auch zur geistigen Erleuchtung zu kommen. „Budo" bedeutet „Weg des Kampfes" und ist praktisch der Überbegriff für den japanischen Kampfsport, der die innere Do-Lehre prägt. Bekannte Kampfsportarten, die zu „Budo" zählen sind Jiu Jitsu, Judo, Aikido, Ninjutsu, Karate, Kendo, Kyudo, Sumo, Iaido, usw. In der Moderne werden die meisten Kampfsportarten zur Stärkung der körperlichen Fitness oder zur Verteidigung ausgeführt. Nur

wenige Kampfsportarten wie Karate haben ein traditionelles Gurtsystem.

Wohnen in Tokio

Die Gastfreundschaft der Japaner ist so groß, dass sogar **Privatpersonen** in ihrem Haus Zimmer für Reisende vermieten. Buchen Sie aber vor Antritt der Reise. Auf Airbnb können sie z. B. in Tokio eine schöne Unterkunft für **40 Euro/4817 Yen** pro Nacht buchen. Grundsätzlich sollten Sie in Ihre Reiseplanung die ersten beiden Übernachtungsmöglichkeiten einbeziehen, sollten Sie sich für eine Individualreise entscheiden. Sind Sie erst einmal in der gewaltigen Metropole Tokios eingetaucht, ist es zu den Jahreszeiten, in denen keine Ferien, keine nationalen oder internationalen

Festlichkeiten stattfinden, denkbar einfach mit Hilfe der schnellen Internetverbindung eine Unterkunft zu buchen für die anschließenden Tage. Etwas, was sich vor allem dann anbietet, wenn Sie neben der Hauptstadt auch die Umgebung Tokios erkunden wollen. **Hotels** sind der Klassiker, wenn es um eine Unterkunft beim Reisen geht. Dabei gibt es speziell in Tokio diverse Hoteltypen mit jeweils unterschiedlichem Charme. Von Businesshotels, über Luxushotels, Boutiquehotels über Hostels und traditionellen Ryokans. Auch gibt es vereinzelt Hotels, die nur für Frauen sind, z. B. das Ladies 510 in Shinjuku. Hierbei handelt es sich um ein Kapselhotel mit einem Gemeinschaftsbad und kleinen Extras wie Hautcremes etc. Einige der empfehlenswertesten Unterkünfte in Tokio:

Im Bezirk Ginza und Tsukiji ist mit **ca. 133 Euro/16.000 Yen** das Mitsui Garden Hotel Ginza Premier mit einer tollen Lage, welche sogar den Ausblick auf den Tokio Tower und dem „Shiodome" bietet, vergleichsweise günstig.

Als besonderes Bonbon ist das Luxushotel im selben Bezirk. Die Zimmer sind sehr geräumig und luxuriös. Mit einem Preis von **ca. ab 355 Euro/42770 Yen** können Sie nicht nur einen tollen Ausblick genießen, sondern auch die Architektur der Lobby.

Das Kapselhotel im Bezirk Shibuya und Harajuku **ab 33 Euro/3990 Yen** ist sehr knuffig und hat alles was man braucht. Dieses Hotel ist allerdings nur für Männer, die Alternative für Frauen ist das Ladies 510 in Shinjuku.

Im Bezirk Kōrakuen und Akihabara ist vor allem **Mangafans** das Tokio Central Youth Hotel, das Sakura Hotel Jimbōchō oder das historische Hotel Hilltop empfehlenswert. Aber vor allem bezaubert der Kimi Ryokan, eines der besten Budget-Ryokan. Es ist ein geselliges Gasthaus mit Tatamizimmern unterschiedlicher Größen.

Typische japanische Küche

Wenn Sie an Japans Küche denken, kommt Ihnen sicherlich der Gedanke an Sushi, Curry und Co. Fakt ist, dass die Japaner auf die Bedürfnisse der Touristen und Geschäftspartner, etc. reagiert haben und auch westliches Essen anbieten. Oftmals ist die kulinarische Entwicklung in den meisten Gebieten, in denen Touristen unterwegs sind, entweder westlich geprägt oder eine Art Mischung aus japanischer und westlicher Esskultur. Sie werden überrascht sein, wenn Sie erfahren, dass Japans Esskultur eigentlich völlig anders ist. Das Motto „so frisch wie möglich" bedeutet, dass die Japaner lebende Tiere zu Tisch bringen und diese lebendig verspeisen. Keine Sorge, es handelt sich hier um Kleintiere wie Fische und Krabbeltiere. Für sie ist es das beste Zeichen von Frische und jeder Restaurantbesitzer legt großen Wert darauf, jeden Tag zum Fischmarkt und anderen Märkten zu gehen, auf denen er die frischesten Lebensmittel erwerben kann. Dabei werden am liebsten lebende Fische erworben, um diese dann entweder lebend zu servieren oder kurz vor dem Verspeisen zu töten.

Besuchen Sie ein Restaurant, werden Sie vom Personal empfangen. Suchen Sie sich keinen Platz selber aus. Das Personal wird Ihnen einen Platz zuweisen und Ihnen die Speisen und Getränke nach dem Reichen der Karte servieren. Außerdem werden Sie immer ein feuchtes Handtuch bekommen und die Toiletten sind immer ein kostenloser Service. Fast jedes japanische Restaurant hat bereits eine Klingel, die Sie drücken müssen, um das Personal zu rufen. Im Restaurant wird sie lautlos sein, das Personal hat jedoch eine Art Pieper bei sich und wird, sobald es ihren Ruf vernommen hat zu Ihnen

eilen, um Ihnen als Gast lange Wartezeiten zu erspa-
ren. Geben Sie in Japan kein Trinkgeld.

Das Personal wird Ihnen hinterherlaufen und
Ihnen Ihr Wechselgeld wieder geben. Möchten Sie
dennoch Trinkgeld geben, stecken Sie es in einen
Umschlag und bitten Sie die Bedienung es der richtigen Person zu überreichen. Auch werden die Ge-
richte frisch zubereitet, praktisch kurz vor dem Servieren, was jedoch dazu führt, dass nicht alles zur
gleichen Zeit bei Ihnen serviert werden kann.
Ebenso werden die Rechnungen nicht am Tisch be-
glichen. Möchten Sie die Gepflogenheiten des jewei-
ligen Restaurants erkennen, sehen Sie sich um, es
könnte sein, dass Sie gebeten werden Ihre Schuhe
auszuziehen.

Manche Restaurants wie günstige Ramen-Res-
taurants haben einen Automaten an dem Sie im Voraus bezahlen müssen, bevor man Ihnen Ihre Bestel-
lung serviert. Können Sie sich nicht auf Japanisch
ausdrücken, machen Sie ein Foto von dem Gericht,
welches Sie genießen möchten und zeigen Sie es der
Bedienung.

BESONDERE KULINARISCHE HIGHLIGHTS IN TOKIO

Die älteren Viertel Ueno und Asakusa sind dabei e-her traditionell gehalten. Oftmals werden Sie dort auf jahrhundertalte Restaurants treffen, während Sie in gehobenen Restaurants der verschiedenen Bezirke auch mal reservieren müssen, um dort einen Platz zu erhalten.

Besonders empfehlenswert ist vor allem das **Tokio Rāmen Street**. Ab ca. **7 Euro/800 Yen** ein fast schon legendäres Rāmen, mit verschiedener Auswahl von kalten Nudeln bis hin zu diversen Soyasoßenarten, für das die Leute schon Schlange stehen. Dennoch sind die Wartezeiten erträglich. Für Gebäckfans ist die **Rose Baker Marunouchi** rund um den Bahnhof Tokios eine tolle Anlaufstelle. Dort erhalten Sie bereits ein Mittagsmenü **ab 11 Euro/1350 Yen**. Wollen Sie typisch Japanisch essen, besuchen Sie einfach das **Ore-no-dashi** in Ginza und Tsukiji. Dort werden Sie Gourmetgerichte vorfinden, die bei einem Preis von **ca. 3-12 Euro/380-1480 Yen** gut bezahlbar sind. Lieben Sie Sushi, besuchen Sie doch das **Daiwa Sushi** in Ginza und Tsukiji. Dort gibt es ein leckeres Sushi-Menü bereits **ab 29**

Euro/3500 Yen. Für Curryliebhaber ist das **Tokio Curry Lab** in Roppongi und Umgebung genau richtig. **Ab 8,30-11,20 Euro/1000-1350 Yen** können Sie den geliebten japanischen Snack genießen. Besonders erwähnenswert ist das **Jōmon** in Roppongi und Umgebung. Dort gibt es eine Reihe von frischen Bratspießen verschiedenster Fleischarten, vor allem die Rindfleischspieße lassen Sie auf Wolke sieben schweben. Mit **1,25-13,30 Euro/150-1600 Yen** können Sie diese besondere kulinarische Richtung genießen.

Tipps für Sparfüchse

Eine weitere Möglichkeit, sich recht günstig in Japan zu ernähren, ist es selbst einzukaufen und zu kochen. Dafür besuchen Sie einfach den nächstgelegenen Supermarkt oder andere Shops. Dort gibt es oft verpackte Bentoboxen oder andere typisch japanische Speisen. Jedoch ist es in Japan üblich, durch den Mangel an Obst und Gemüse hohe Preise für frisches Obst und Gemüse zu berechnen. Es gibt sogar ganze Kunstwerke mit Obst und Gemüse. Diese werden dann für besondere Anlässe wie Geburten, Hochzeiten etc. erworben.

Tokios Nachtleben

Tokios Nachtleben ist berühmt. Kaum verschwindet die Sonne, werden die sonst so hart arbeitenden, ruhigen und klischeehaften Japaner zu Partylöwen. Es geht aber nicht nur um Alkohol, sondern vor allem um Unterhaltung. Besonders in den dunklen Stunden treffen sich die Einheimischen zum Feiern, zur Pflege sozialer Kontakte und zum auszuspannen. Bars, Cafés, Clubs und Izakayas quillen nun fast über. Es lohnt sich zudem, in manche Lokale als Frau oder als Paar zu gehen, dann gibt es manchmal Rabatte oder freie Speisen und Getränke.

EINIGE BESONDERS
EMPFEHLENSWERTE ORTE

Das **Manpuku Shokudō**, ein Izakaya, dessen Eintritt mit **2,50 Euro/300 Yen** relativ günstig ist und 24 Stunden geöffnet ist. Neben dem Charme von vorbeifahrenden Zügen genießt man das Klappern der Schienen und trinkt Sake. Das **Café Salvador** bietet bequeme Sofas, leckeres Naschwerk, Salate, Sandwiches und günstigen Kaffee an, hat aber nur bis 23 Uhr geöffnet. Kreative Querdenker, ob Schriftsteller oder Nähclubs, fühlen sich in der **Pink Cow**, einem verrückten Nachtclub pudelwohl. Der Eintritt kostet freitags und samstags zwar **16,60 Euro/2.000 Yen**, ist aber sehr empfehlenswert. Für Sparfüchse ist die **Bar Enjoy House** im Bezirk Ebisu und Meguro etwas. Hier kosten die Getränke **ab 4,98 Euro/600 Yen**. Dort treffen Sie regelmäßig auf DJ-Musik und tagsüber ist die Bar ein Burgerladen. Aber auch in anderen Gegenden wie Akihabara und Umgebung oder anderen Bezirken lohnt es sich nachzusehen. Vielleicht finden Sie einen Flyer, der eine Party anpreist.

Karaoke ist ein beliebter Zeitvertreib der Japaner, macht Spaß und wirkt stressabbauend. Dazu können Sie am besten das **Shidax Village** besuchen. Mit **4,81 Euro/580 Yen** können Sie dort in großen Räumen dem Vergnügen nachgehen.

Für **Schwule und Lesben** hat Tokio ebenso ein paar Besonderheiten. Das **Advocates Café** im Bezirk Shinjuku ist ein beliebter Treff und der Beginn vieler Partys, auf der jeder willkommen ist. **Arty Farty** liegt ebenso in Shinjuku und hat nur bis 1 Uhr morgens geöffnet, ist aber ein Klassiker der Szene. Dort feiern Männer und Frauen ausgelassen. Die **Bar Goldfinger** in Shinjuku ist eine der beliebtesten Bars für lesbische Paare. Genauso steht Unterhaltung hoch im Kurs. **Livemusik** gibt es z. B. im **Unit**, dessen Eintritt **16,60-41,50 Euro/2000-5000 Yen** kostet.

Günstiger kommen Sie mit **traditioneller Livemusik** im **Oiwake.** Eintritt, ein Essen und ein Getränk kosten ab **16,50 Euro/2000 Yen** aus. Interessieren Sie sich für **Theater** und **Tanz,** können Sie das traditionelle Theater **Kabuki-za** besuchen. Diese extravagante Fassade kennen sie vielleicht aus dem Anime. Dort treten die Schauspieler mit traditionellen Kimonos und Masken auf. Mit einem Eintritt pro Akt **ab 6,64-16,60 Euro/800-2000 Yen** und einer kompletten Vorstellung **ab 33,21-166,00 Euro/4000-20000 Yen**, ist dies nicht gerade billig, jedoch sehr sehenswert.

Auch die **Einkaufsmeilen** sind in jedem Bezirk einzigartig. Sehen Sie sich in der Einkaufsmeile auch in traditionellen Bekleidungsgeschäften um. Sich einmal im Leben in einen traditionellen Kimono zu kleiden, ist in Japan praktisch ein Muss. Ein besonderer Happen für Anime- und Mangafans ist der **Mandrake Complex** in Akihabara. Dieses Gebäude hat mehrere Stockwerke und für jedes Bedürfnis alles da, z. B. gibt es ein Stockwerk nur für Männer und eines nur für Frauen. Auch **Cosplay** ist keine Seltenheit und für viele Japaner ein Riesenspaß. Sind Sie eher der Kunstliebhaber, besuchen Sie doch das **2k540 Aki-Ok Artisan**. Dort finden Sie eine erlesene Auswahl an Kunsthandwerken. Die schönsten und **farbenfrohesten Kunsthandwerke** gibt es im Nippon Hyakkuten.

Achtung

Wenn Sie in Japan Shoppen gehen passen Sie jedoch auf, dass Sie die Grenze für das Einkaufen einhalten. Zudem dürfen Sie niemals Waffen, wie kunstverzierte Schwerter, Messer oder andere verbotene Dinge erwerben. Diese Dinge werden einbehalten und Sie werden eine Strafe erhalten für deren unerlaubten Besitz. Auch sollten Sie die Gepäckgrenze beachten, haben Sie zu viel müssen Sie diese Waren verzollen. Sehen Sie sich am besten dafür auf der Seite des Zollamtes um. Dort wird man Ihnen alle wichtigen Informationen zukommen lassen.

Tokios Sehenswürdigkeiten

Tokio hat eine ganze Reihe bekannter und weniger bekannter Sehenswürdigkeiten zu bieten. Und auch wenn diese wie der Tokiotower etwas teurer sind, weil diese Attraktionen bekannte Touristenattraktionen sind, ist ein Besuch dieser Orte ein Muss.

Die Shibuya Kreuzung

Ein Highlight ist diese Kreuzung im bekanntesten und belebtesten Stadtteil Tokios, Shibuya. Dieser ist mit leuchtenden Werbetafeln und gewaltigen

Hochhäusern ausgestattet. Tagtäglich überqueren bis zu 2.500 Menschen die Straßen. Betrachten Sie dieses Spektakel vom 1. Stock des Starbucks Gebäudes, von wo aus Sie den besten Überblick haben. Allerdings ist dies kein Geheimtipp mehr und meistens leider komplett überfüllt.

Hachiko-Statue

Diese Statue eines Hundes erinnert an eine rührende Geschichte. In den 1930er Jahren wurde ein Mann von seinem Hund namens Hachiko täglich vom Bahnhof abgeholt und das über 10 Jahre hinweg. Seine Treue hielt sich auch, nachdem der Mann gestorben war. Eine unglaublich berührende Geschichte, meinen Sie nicht auch?

Sensō-ji Tempel

Dieser Tempel ist ein besonderes kulturelles Erbe für den buddhistischen Glauben. Besuchen Sie das Tempelgelände rund um die Uhr und die Haupthalle in April und September zwischen 6-17 Uhr und in Oktober bis März zwischen 6.30-17 Uhr. Der Eintritt ist frei. Seine Entstehung war im Jahr 628. Somit gilt dieser Tempel als der älteste und schönste Tempel in ganz Tokio. Dort können Sie eine fünfstöckige Pagode und zahlreiche Reliquien betrachten.

Orte für die beste Aussicht auf Tokio

Zu den besten Aussichtsplattformen gehört in erster Linie der **Tokiotower**, als gelungene Kopie des Eifelturms. Die Top Deck Tour in einer Höhe von 150 m und 250 m steht Ihnen zwischen 09.00-22.45 Uhr zur Möglichkeit offen. Um 22.15 Uhr ist dann allerdings die letzte Tour. Wollen Sie das Main Deck des bekanntesten Bauwerkes Tokios in einer Höhe von 150 m besuchen, kommen Sie zwischen 09.00-23.00 Uhr. Um 22.30 Uhr ist dann der letzte Einlass. Für eine Tour brauchen sie **ca. 23 Euro/2800 Yen**, für das Main Deck **ca. 8 Euro/900 Yen**.

Der **Tokio Skytree** öffnet zwischen 08.00-22.00 Uhr und der letzte Einlass ist um 21.00 Uhr. Er ist der Fernsehturm Tokios und das zweitgrößte Gebäude auf der ganzen Welt. Über zwei Plattformen erstreckt sich dieser Turm. Und eine Besichtigung der unterschiedlichen Plattformen kostet Sie für die erste Plattform auf einer Höhe von 350 m **ca. 17 Euro/2000 Yen**, für die zweite Plattform zusätzlich **ca. 8,27 Euro/1000 Yen**. Wenn Sie keine Lust auf eine lange Wartezeit haben, dann können

Sie auch das Fast-Lane Ticket online bestellen, dafür müssen Sie allerdings einen Aufpreis von **ca. 8,27 Euro/1000 Yen** zahlen.

Das **Metropolitan Government Building** ist eine kostenlose Plattform in einer Höhe von 202 m und kann, aufgeteilt in jeweils den Südturm und den Nordturm, besichtigt werden. Der Nordturm ist jeden 2. und 4. Montag je Monat geschlossen, kann sonst jedoch zwischen 09.30-23.00 Uhr besucht werden, wobei der letzte Einlass um 22.30 Uhr ist. Für den Südturm gelten die Zeiten 09.30-17.30, wobei der allerletzte Einlass des Tages um 17.00 Uhr ist.

Der **Roppongi Hills Mori Tower** ein moderner Wolkenkratzer, der 2003 erbaut wurde. Er ist mit einem Museum ausgestattet. Das Skydeck kann zwischen 11.00-20.00 Uhr besucht werden und hat sogar einen Helikopterlandeplatz, worum sich ein offener Open-Air Weg schlängelt. Das Gebäude selbst können Sie zwischen 10.00-23.00 Uhr besuchen und kostet Sie **ca. 19 Euro/2300 Yen**, die überdachte Aussichtsplattform kostet **ca. 15 Euro/1800 Yen**. Die Aussichtsplattformen sind täglich geöffnet, lohnen sich aber besonders bei schönem Wetter.

In Japan werden über 2000 Tonnen Fisch und Meeresfrüchte gehandelt und verkauft. Den Sammelplatz der Händler, der **Tsukiji-Fischmarkt**, sollten Sie in den frühen Morgenstunden besuchen. Dort werden tagtäglich die frischesten, lebenden Fische angepriesen, ein Ort, der sich in seiner Tradition hält. Selbstverständlich ist der Eintritt dort frei. Holen Sie sich dort das frischeste Sushi-Frühstück, das Sie je gegessen haben und besuchen Sie die täglichen Thunfischauktionen zwischen 5.25 Uhr und 6.15 Uhr.

Die **Tokio Bay und Rainbow Bridge** zieht jährlich unzählige Touristen an. Ihre Besichtigungen sind zudem kostenlos und von der einnehmenden Rainbow Bridge können Sie sogar den Hafen von Tokio sehen. Außerdem befindet sich in der Nähe der Brücke auch der „Hamarikyu Garden", ein Park, der zum Entspannen einlädt. Mitten in Tokio befinden sich gleichermaßen eine Reihe an wunderschönen Parks und Grünanlagen. Eingesäumt von romantischen Kirschbäumen, Bambuswäldern und Co. sind diese Plätze neben dem Sonnenbaden auch die perfekten Picknickplätze. Tipp: Besuchen Sie diese Parks zur Zeit der Kirschblüte, die rosafarbenen

Blütenblätter werden Ihnen den Aufenthalt dort noch mehr versüßen.

Ein Kurztrip in den Ueno Park ist auch immer lohnenswert. Er wurde 1873 erbaut, ist kostenlos zu besuchen und täglich zwischen 05.00-23.00 Uhr geöffnet. In dessen Nähe steht der Kaneiji Tempel, das Ueno Royal Museum, aber auch das Tokio National Museum. Ein gewaltiger See im Südwesten des Parks lässt die Gedanken schweifen und ein Besuch zur Zeit der Kirschblüte erweckt Frühlingsgefühle.

Im Stadtteil Minato wurde dieser prächtige **Shibarikyū-Park** gebaut und ist kostenlos zwischen 09.00-17.00 Uhr täglich geöffnet. Dort liegt ein romantischer See, umgeben von prächtiger Natur. Einheimische verbringen dort gerne ihre Mittagspause, auch wenn dieser Park bei Touristen kaum bekannt ist.

Den **Sumida Park**, ein Park der besonders zur Kirschblüte geliebt wird, erlebt zur Mittagszeit seinen Hochbetrieb. Wollen Sie dem Trubel der Stadt entkommen, statten Sie ihm doch mal einen Besuch ab. Rund um die Uhr kostenfrei können Sie dort ihre mitgebrachten Speisen genießen.

Die **Memory Lane** hat zugegebenermaßen keinen besonders einladenden Namen, denn der Name „Omoide Yokocho" wird umgangssprachlich auch „Piss Alley" genannt. Doch lassen Sie sich nicht täuschen. In der modernen Zeit werden dort strahlende Laternen und Lampions aufgestellt, die den abendlichen Besuch in den zahlreichen Restaurants und Bars, in Kombination mit netter Gesellschaft noch besser machen. Probieren Sie auf alle Fälle die legendären Fleischspieße „Yakitori".

Besonders für Technik- und Animefreunde ist dieses Viertel eine wahre Traumwelt. Spielhallen und Kaufhäuser reihen sich dort aneinander wie eine Perlenkette und das Motto „Technik und Computer" lässt Herzen höher schlagen. **Akihabara** hat das größte Anime Kaufhaus, in dem wirklich alles für Anime- und Mangafans zu haben ist. Dort sind die meisten Maid-Cafés, in denen Polaroids von jungen Japanern wie Sammelkarten getauscht werden und das jeden Sonntag. Außerdem wird das Essen mit Entertainment verbunden. Wie wäre es mit einem Abstecher in das Sailormoon-Café?

Der Besuch in das **Digital Art Museum** zeigt fünf verschiedene Computerwelten. Dort können Sie im interaktiven Museum bunte Animationen und Licht-spiele bestaunen. Die Preise liegen für Erwachsene bei **ca. 27 Euro/3200 Yen** und für Kinder bis 14 Jahre bei **ca. 8,27 Euro/1000 Yen**. Der Eintritt gilt von Montag bis Donnerstag sowie Sonn- und Feier-tags zwischen 10.00-19.00 Uhr ebenso wie freitags und samstags zwischen 10.00-21.00 Uhr. Allerdings ist das Museum jeden 2. und 4. Dienstag pro Monat geschlossen. Hier können Sie ihrer künstlerischen Ader freien Lauf lassen und Meerestiere zeichnen. Diese werden dann eingescannt und Schwimmen in einem mit Licht erzeugten Aquarium. Buchen Sie-vorher Ihre Tickets, denn kurzfristig bekommen Sie oft meine mehr.

> ## Tipp
>
> *Besuchen Sie auch kostenfrei den Kaiserpalast. Dieses Kulturerbe ist besonders bei strahlendem Sonnenschein sehenswert. Reisen Sie mit Kindern auch unbedingt ist das Japan Disney Resort in der japanischen Stadt Urayasu.*

Urlaub in der Wiege von Samurai, Anime und Handwerkskunst

Japan ist eines der faszinierendsten Länder der Welt. Nicht nur, weil die Japaner allein mit ihrer Mentalität die geheimnisvolle Fassade aufrechterhalten, sondern auch ihre langjährigen Traditionen mit solch einer Inbrunst erhalten, dass es mehr als nur zum Staunen reicht.

Bei meinem Besuch im Viertel Akihabara in Tokio war für mich ein besonderes Highlight der Mandarake Complex. Als eingefleischter Anime- und Mangafan fand ich dort DVD´s, Figuren etc., die ich in Deutschland nie bekommen hätte, auch nicht über das Internet. Besonders das Hanami-Fest hat mich verzaubert. Nach einem wunderbaren Picknick habe ich die Kirschblüten auf der Fähre genossen. Die Feier im Yoyogi Park ging sogar bis tief in die Nacht.

Japan hat mich von Beginn an verzaubert, schon bevor ich begonnen hatte, Anime und Manga zu lieben. Wenn Sie die Reise nach Japan antreten und zum ersten Mal einen Fuß auf japanischen Boden setzen, werden Sie schnell merken, dass Japan nicht nur in Sachen Organisation die Nase vorne hat.

Es wird vieles anders sein als in den westlichen Ländern. Bezüglich **Geld** und **Sicherheit** gibt es keinerlei Probleme. Es gibt genügend Wechselstuben und Geldautomaten an fast jeder Ecke. Meistens wird mit Kreditkarte bezahlt, was sehr unkompliziert ist. Vor allem die Mentalität der Menschen ist viel freundlicher. Auch war ich von Anfang an erstaunt, wie pünktlich und zuvorkommend das japanische Bahnsystem ist. Ganz anders als in Deutschland. Japan können sie nicht auf einmal entdecken. Es ist so gewaltig und an jeder Ecke lohnt es sich zweimal hinzusehen.

Dabei ist für jeden Geschmack etwas dabei. Stehen Sie früh auf und versuchen Sie so viel wie möglich zu sehen. Meine Besuche der Kabuki-Theater und der anmutigen Geisha-Tänzerinnen haben genauso wie die tollen Bambuswälder einen bleibenden Eindruck hinterlassen. Unverzichtbar sollte vor allem der Besuch eines Onsen sein. Eine Erfahrung, die man sich einmal im Leben gönnen sollte. Spätestens wenn Sie zum ersten Mal in ein Onsen eingetaucht sind, werden Sie verstehen, warum die Japaner diese Tradition so sehr lieben. Insgesamt kann man sagen, dass Japan jeden Besuch wert ist und dieses Buch nicht einmal ansatzweise alles wiedergeben kann. Vom Nachtleben, den feierwütigen Japanern, die nachts ihre konservative Maske abwerfen und sich Sake, kunstvollen Speisen, Karaoke und Co. widmen bis hin zur Entdeckung des traditionellen Handwerks in allen Facetten. Vielleicht kaufen Sie sich einen Yukata für Zuhause und tragen diesen zu besonderen Anlässen? Auf jeden Fall würden Sie damit auffallen.

Packliste

Geld & Finanzen

O (evtl.) Auslandswährung
O Bargeld
O Bauchtasche
O Brustbeutel
O Bauchtasche
O EC-Karte
O Kreditkarte
O Notfall-Telefonnummern der Banken
O Portmonee

Hygiene

O Haarbürste / Kamm
O Deo (klein)
O Shampoo
O Kulturtasche
O Sonnencreme
O Taschentücher

O Reise-Zahnbürste und Zahnpasta
O Verhütungsmittel

Kleidung

O Badeklamotten
O Gürtel
O Hosen kurz / lang
O Mütze / Cap / Hut
O Pullover
O Regenjacke
O Schlafanzug
O Socken
O Sonnenbrille
O Sportklamotten / Jogginghose
O T-Shirts
O Unterwäsche

Medikamente

O Blasenpflaster
O Anti-Durchfalltabletten
O Erste-Hilfe-Set

O Fiebertabletten
O Fiebertabletten
O Mückenschutz
O sonstige Medikamente
O Pflaster
O Kopfschmerztabletten

Unterlagen & Papiere

O ADAC Unterlagen
O Adresslisten für Postkarten
O Krankversicherungsnachweis
O Stadtplan
O Führerschein
O Unterlagen für die Unterkunft
O Wasserdichte Hülle für Reiseunterlagen
O Impfausweis
O Mietwagenunterlagen
O Personalausweis
O Reisepass
O Reisetagebuch
O evtl. Studentenausweis

O evtl. Visum

O Zug- / Bahn- / Flugticket

Taschen & Rucksäcke

O Koffer / Trolley / Reisetasche

O Regenhülle für Rucksack

O Rucksack

Schuhe

O Badeschlappen / Hausschuhe

O Schuhe und Wechselschuhe

Sonstiges

O Brille / Kontaktlinsen und Etui

O Buch zum Lesen

O Ohrenstöpsel und Schlafmaske

O Regenschirm

O Reisedecke

O Wasserflasche

O Wörterbuch

Elektronik

O Digitalkamera

O Handy

O Ladekabel

O Kopfhörer

O evtl. Steckdosenadapter

O Power-Bank

Herstellung und Verlag:
BoD – Books on Demand, Norderstedt
ISBN: 9783752873306

© Linh Walter 2020
1. Auflage
Kontakt: Psiana eCom UG/ Berumer Str. 44/ 26844 Jemgum
Covergestaltung: Fenna Larsson
Coverfoto: depositphotos.com